HISTOIRE

DE LA

PROSTITUTION

CHEZ TOUS LES PEUPLES DU MONDE

DEPUIS

L'ANTIQUITÉ LA PLUS RECULÉE JUSQU'A NOS JOURS,

PAR

PIERRE DUFOUR,

Membre de plusieurs Académies et Sociétés savantes françaises et étrangères

ÉDITION ILLUSTRÉE

Par 20 belles Gravures sur acier, exécutées par les Artistes les plus éminents

PARIS. — 1851.

SERÉ, ÉDITEUR, 5, RUE DU PONT-DE-LODI;

ET CHEZ MARTINON, RUE DU COQ-SAINT-HONORÉ, 4.

Livraison

HISTOIRE

DE LA

PROSTITUTION.

Volume premier

après page 192 ... 203

— — 204 — 261

298 — 305

28.7.5

TYPOGRAPHIE PLON FRERES,
RUE DE VAUGIRARD, 36, A PARIS.

HISTOIRE

DE LA

PROSTITUTION

CHEZ TOUS LES PEUPLES DU MONDE

DEPUIS

L'ANTIQUITÉ LA PLUS RECULÉE JUSQU'À NOS JOURS,

PAR

PIERRE DUFOUR,

Membre de plusieurs Académies et Sociétés savantes françaises et étrangères.

TOME SIXIÈME.

PARIS — 1853

SERÉ, ÉDITEUR, 52, RUE SAINT-ANDRÉ-DES-ARTS,

ET

P. MARTINON, RUE DE GRENELLE-SAINT-HONORÉ, 11

FRANCE.

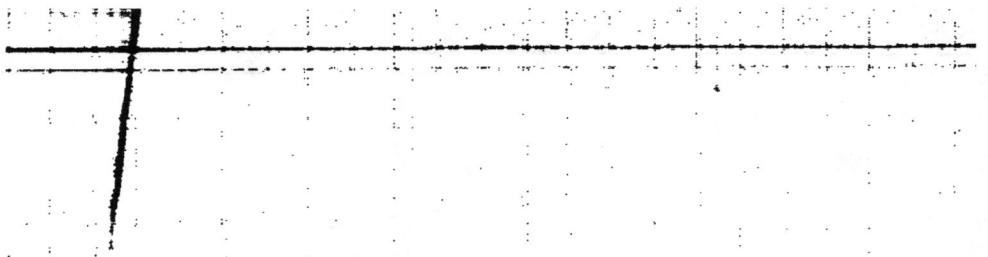

HISTOIRE

DE

LA PROSTITUTION.

CHAPITRE XXXV.

De tous temps, il a existé des rapports intimes, des analogies frappantes, des affinités singulières,

1.

entre les mœurs et les modes françaises, tellement
qu'on peut, presque à coup sûr, juger des unes par
les autres : quand les mœurs sont pures, austères,
bien réglées, les modes sont simples, décentes,
honnêtes ; au contraire, les modes sont elles extravagantes, dissolues, obscènes, il faut que les
mœurs soient effrénées, corrompues, scandaleuses.
L'habillement, à chaque époque de notre histoire
nationale, est, pour ainsi dire, un miroir fidèle
des habitudes de la vie privée. Il suffit, par exemple, de voir la représentation exacte des costumes
d'hommes et de femmes au seizième siècle, pour reconnaître d'une manière certaine que ce siècle-là
fut, de tous les précédents, le plus enclin, le plus
propice, le plus indulgent à la Prostitution.

Il serait facile de faire l'histoire du costume en
France, au point de vue des mœurs, depuis les
temps les plus reculés. Nous devons nous borner ici
à rechercher, épisodiquement, les caractères sail-
lants de ce qu'on pourrait appeler la Prostitution
dans l'habillement des deux sexes. Nous ne voulons qu'effleurer ce vaste et curieux sujet; mais
nous en dirons assez, dans cette rapide esquisse,
pour prouver que la mode fut toujours, chez nos
ancêtres, le reflet des mœurs. La mode n'est ordinairement qu'une forme et une expression du luxe,
qui a une si funeste influence sur la moralité publique, et qui ouvre la porte, pour ainsi dire, à
tous les égarements, à tous les désordres, à tous

les vices. L'amour du luxe mène à la débauche et conseille la Prostitution; c'est l'attrait, c'est l'amorce des mauvaises passions. Il y a, chez tout un peuple, une émulation ardente et désordonnée pour le mal, quand le but unique de toutes les pensées et de toutes les actions humaines n'est plus que la satisfaction immodérée des sens et de la vanité; c'est alors que la mode devient simultanément une parade d'orgueil, une excitation à l'incontinence.

Bien des fois les souverains ont essayé d'imposer des limites aux débordements du luxe; ils ont réglé par des lois somptuaires l'habillement ou la *livrée* de chaque classe de citoyens; mais ils ne se sont préoccupés que de la qualité et de la valeur des objets matériels qu'ils avaient à autoriser ou à interdire : leurs prescriptions sont donc purement économiques et politiques. Tantôt, ils veulent que chacun soit vêtu selon son état, et que, « par le moyen des habits, » comme le dit une ordonnance de Charles VII, on puisse reconnaître la « vaccation des gens, soient princes, nobles hommes, bourgeois, marchands ou gens de mestier; » tantôt, ils veulent que leurs sujets ne se ruinent pas « en habillemens trop pompeux et trop somptueux, non convenables à leur estat, » comme le dit une ordonnance de Charles VIII, qui rappelle, en outre, que « tels abus sont desplaisans à Dieu nostre Créateur; » tantôt, ils veulent que le pays ne soit plus appauvri par l'achat de certaines étoffes étrangères qui font sortir du royaume une partie du numéraire, comme le dit une ordonnance de Charles IX; mais ils ne paraissent guère se soucier de maintenir la décence du costume par des règlements fixes et par une pénalité sévère. C'est l'affaire du pouvoir ecclésiastique de recommander, d'exiger, d'imposer la modestie des habits; c'est à lui seul qu'il appartient de condamner, de proscrire et d'anathématiser les modes, qui ne sont pas en harmonie avec la pudeur, que la religion chrétienne ordonne à tous ses enfants. On rencontre bien çà et là des ordonnances de police, des arrêts du parlement, qui défendent de porter des *habits dissolus;* mais on ne désignait pas, sous ce nom, les habillements immodestes que les deux sexes se permettaient à l'envi par un raffinement de galanterie et de sensualité. La loi civile n'atteignait que les excès du luxe; la loi religieuse, et surtout la loi morale, depuis l'introduction du christianisme dans les Gaules, pouvaient seules réprimer la licence des modes et surveiller le costume au point de vue des mœurs.

Dans les premiers temps de la monarchie, hommes et femmes portaient des vêtements longs et amples, qui dissimulaient tous les mouvements du corps, et qui n'en laissaient aucune partie à découvert. Les Français avaient adopté le costume romain, la toge, la chlamyde et la tunique, en conservant les braies ou chausses des peuples barbares. L'habillement des femmes, plus simple encore que celui des hommes, se composait d'une tunique de laine, à larges plis, flottant sur les talons, avec un manteau agrafé sur l'épaule. Elles avaient, en outre, un long voile, dont elles s'enveloppaient de la tête aux pieds, et qu'elles attachaient sur l'oreille avec une agrafe de métal. Une femme, en ce temps-là, quel que fût son rang, ne se montrait en public que voilée, et se gardait bien de faire saillir sous le lin aucune forme qui accusât son sexe. L'amour de la parure, ce trait distinctif de la nation, ne se traduisait que par un amas de bracelets massifs, de bagues, de colliers et de joyaux de toute espèce. La femme la plus chargée d'or était la mieux parée, et l'on comprend que ce besoin de briller à grands frais ait dû quelquefois faire chanceler la vertu. Mais bientôt le beau sexe se montra plus jaloux de ses droits et de ses avantages; les femmes eurent des tuniques, dont le corsage dessinait la taille et se modelait sur la gorge; puis, les tuniques s'échancrèrent autour du cou et jusqu'à la naissance des épaules; plus tard, pour donner de la grâce à leur démarche, les femmes serrèrent davantage leur robe au-dessous de la ceinture, de manière à marquer les hanches, les cuisses et les reins, qui disparaissaient auparavant sous les plis épais de la jupe. Cependant il ne paraît pas qu'une femme *de bonne vie* ait osé, antérieurement au douzième siècle, affronter les regards des hommes, avec un vêtement qui laissât voir à nu le sein, les épaules et les bras.

Ce furent peut-être les hommes qui commencèrent à se relâcher de la décence du costume national, que Charlemagne s'était efforcé de ramener à l'antique simplicité franque. Dans un synode tenu à Reims en 972. Raoul, abbé de Saint-Remi, se plaint de ce que ses moines, serrant leurs tuniques sur les hanches et tendant les fesses, ressemblent par derrière à des courtisanes plutôt qu'à des moines. (*Aretalis clunibus*, dit Richer au livre III de sa Chronique, *et protensis natibus, potius meretriculis quam monachis tergo assimilentur.*) Ces mêmes moines avaient des chausses impudiques (*iniqua*) d'une largeur démesurée, faites d'un tissu si léger, qu'elles ne cachaient rien (*ex staminis subtilitate etiam pudenda intuentibus non protegunt*). Dès cette époque, les souliers *à la poulaine*, à griffe ou à bec, que poursuivirent pendant plus de quatre siècles les anathèmes des papes et les invectives des prédicateurs, étaient déjà en usage. Ces souliers furent toujours considérés, par les casuistes du moyen âge, comme le plus abominable emblème de l'impudicité. On ne voit pas trop, au premier coup d'œil, ce que pouvaient offrir de scandaleux ces souliers, terminés, soit par une griffe de lion, soit par un bec d'aigle, soit par une proue de navire, soit par tout autre appendice en métal. L'excommunication infligée à cette espèce de chaussure avait précédé l'impudente invention de quelques libertins qui portèrent des poulaines en forme de phallus : ces poulainés phalloïdes furent adoptées également par les femmes, qui ne savaient peut-être pas ce que la mode leur faisait porter au bout de leurs souliers. Cette poulaine, que l'on qualifiait *maudite de Dieu* (voy. le Glossaire de Ducange, au mot POULAENIA), était également prohibée par les ordonnances des rois. (Voy. les lettres de Charles V, du 17 octobre 1367, relatives aux habillements des femmes de Montpellier.) Cependant les grandes dames et les grands seigneurs ne discontinuèrent pas d'avoir des poulaines, plus honnêtes sans doute que celles qui excitaient si fort l'indignation de l'Église, et qui, suivant l'expression du continuateur de Guillaume de Nangis, semblaient vouloir déplacer les membres humains; ce fut par cette raison, que Charles V, de concert avec le pape d'Avignon Urbain V, défendit l'usage de cette vilaine chaussure. (*Quia res erat valde turpis et quasi contra creationem naturalium membrorum circa pedes, quin imo abusus naturæ videbatur.* Continuator Nangii, ann. 1365.) La mode tint bon contre les édits royaux, puisque, sous Louis XI, les gens de cour avaient encore des poulaines, *d'un quartier de long* (c'est-à-dire un quart d'aune); c'est Monstrelet qui nous l'apprend, ou, du moins, son continuateur. Mais ces poulaines, qu'on appelait alors *becs de canne*, n'affectaient plus des formes obscènes, et se relevaient seulement en demi-spirale, comme les chaussures chinoises et turques.

Il faut évidemment rattacher aux croisades l'altération du costume national en France : les modes de l'Orient furent apportées par les croisés, avec les étoffes de soie de ce pays, et la jeune noblesse française s'effémina, pour ainsi dire, en s'appropriant les habitudes du luxe asiatique. Ce n'étaient plus que draps *battus d'or*, draps d'écarlate, *riche siglaton et samit ouvré* (dit la Chanson d'Antioche), fourrures précieuses, broderies et franges, au lieu des gros draps de laine, du camelot de poil de chèvre et du *bureau*, qui avaient suffi si longtemps à nos ancêtres. Nous avons vu combien ce luxe nouveau fut préjudiciable aux bonnes mœurs. On peut dire avec certitude, que, depuis cette époque surtout, les femmes se laissèrent entraîner à tous les dévergondages de la toilette. C'est à partir du douzième siècle seulement, qu'elles renoncèrent a la simplicité et à la chasteté des vêtements, pour suivre avec passion le culte de la mode, qui devint dès lors une divinité toute française. Voici en quels termes l'historien Robert Gaguin se déchaîne contre ce culte profane, que le démon de la luxure semblait avoir inventé : « Cette nation, dit-il en parlant des Français, journellement livrée à l'orgueil et à la débauche, ne fait que des sottises : tantôt les habits qu'elle adopte sont trop larges, tantôt ils sont trop étroits; dans un temps, ils sont trop longs; dans un autre, ils sont trop courts. Toujours avide de nouveautés, elle ne peut conserver, pendant l'espace de dix ans, la même forme de vêtement. » (*Compen-*

dium Roberti Gaguini, lib. VIII, anno 1340.)

On dirait que, dans tout le moyen âge, il y eut une sorte de gageure tacite entre les créateurs et les ordonnateurs de la mode, pour *déformer* le corps de l'homme, par des habits ridicules ou monstrueux (c'est là ce qu'un chroniqueur, *Gaufredus Vosiensis*, appelle *deformitas vestium*), et pour ajouter à la créature de Dieu quelques traits empruntés au diable, tel que l'imagination des peintres et des imagiers l'avait créé. Ainsi, nous regardons les poulaines, comme une imitation du pied fourchu qu'on attribuait à Satan et à son infernale famille. De là, sans doute, la colère des ecclésiastiques contre l'audacieuse prétention de ressembler physiquement à l'esprit malin. Ce fut certainement à la même source, que la mode du quatorzième siècle alla chercher les queues et les cornes. Ces cornes, *merveilleusement hautes et larges*, qui ornaient de chaque côté la coiffure des femmes, du temps de Charles VI, avaient pris une telle dimension, que les portes des salles n'étaient plus assez grandes pour qu'une porteuse de cornes pût y passer de face et sans se baisser. Un prédicateur de la cour fulmina contre les cornes, comme ses prédécesseurs l'avaient fait contre les poulaines : « Après son departement, raconte Juvénal des Ursins dans sa Chronique, les dames relevèrent leurs cornes et feirent comme les limaçons, lesquels, quand ils entendent quelque bruit, retirent et resserrent tout bellement leurs cornes. » Les queues, auxquelles les prédicateurs firent aussi la guerre, étaient plus ou moins développées au bas de la robe et à l'extrémité du chaperon. Les queues des robes, qu'Olivier Maillard traite d'*inventions diaboliques* dans plusieurs de ses sermons, restèrent toutefois en usage à la cour, sous la protection de l'étiquette. Quant aux queues des chaperons, qui tombaient le long du dos des hommes et des femmes et descendaient jusqu'à terre, on les retroussa d'abord sur l'épaule et on les roula ensuite autour du cou, avant de les retrancher tout à fait.

C'était un orgueil satanique, qui avait peut-être mis à la mode les griffes, les queues et les cornes : ce fut probablement un goût dépravé, qui conseilla aux hommes et aux femmes de diminuer ou d'augmenter dans leur habillement les proportions de certaines parties de leur corps. L'origine de ces tromperies du costume accuse, il est vrai, le désir de corriger la nature en ce qu'elle peut avoir de défectueux ou d'imparfait. On a cherché naturellement, à l'aide des prestiges de la toilette, les moyens de cacher les vices de la forme : la femme trop maigre a voulu paraître grasse ; la femme trop grasse a voulu dissimuler l'excès de son embonpoint. « Il faut donc se résoudre, dit Marie de Romieu dans son *Instruction pour les jeunes dames* publiée en 1573, qu'il est besoin remédier aux défauts et imperfections de nature le plus que l'on peut. » Mais il faut bien reconnaître que la plupart de ces exagérations du *moule de l'habit* ont été faites dans le but de satisfaire à des instincts et à des caprices de libertinage; car elles ont toujours porté, de préférence, sur les parties du corps qui jouent le principal rôle dans les imaginations licencieuses. Ainsi, chez les femmes, ce sont les reins, les hanches, la taille, les cuisses et la gorge, qui, de tous temps, ont exercé surtout l'art des *couturiers* et des lingères; chez les hommes, ce sont également les membres les plus déshonnêtes, que l'industrie du tailleur cherchait à mettre en relief et à étaler aux yeux avec un cynisme effronté.

Cette indécente affectation de l'habillement des deux sexes ne fut jamais plus sensible qu'à l'époque de Charles VI, et l'on est forcé d'attribuer à la coquetterie de la reine Isabeau les déréglements des modes de son temps, où la Prostitution des mœurs se refléta si audacieusement dans le costume de la cour. Christine de Pisan, la *preude* et chaste Christine, qui composait alors son *Trésor de la cité des dames*, ne trouvait pas sans doute beaucoup de crédit dans cette société dépravée, qui se souciait peu d'apprendre d'elle « comment femmes d'estat doibvent estre ordonnées en leur habit. » Christine leur recommandait expressément de n'être point « outrageuses en leurs vestures et habillemens, tant es coustementz comme es façons. » Une des raisons qu'elle faisait valoir contre ce luxe immodéré de la mode, c'était « qu'on donne, disait-elle, par désordonné et outrageux habit, occasion à autruy de pécher, ou en murmuration ou en convoitise désordonnée. » La convoitise est, en effet, une des mauvaises passions auxquelles la mode s'adresse avec le plus de malice, et Christine de Pisan remarquait très-sagement que le *plus périlleux inconvénient* « qui peut sourdre à une femme par habit désordonné et par manière malhonneste, c'est l'amusement des fols hommes qui peuvent penser qu'elle le face pour estre convoitée et désirée par folle amour. » Voici donc les vertueuses instructions qu'elle présente aux dames et damoiselles, qui n'en profitaient guère : « Si appartient doncques à toute femme qui veult garder sa bonne renommée, qu'elle soit honneste et sans desguisures, en son habit et habillement non trop estrainte, ne trop grands colletz, ne autres façons malhonnestes, ne grand'trouveresse de choses nouvelles, par especial, non honnestes. Et, avec cela, manière et contenance y faict moult. Car, il n'est rien plus desséant à femme, que layde manière et mal rassise ; aussy, ne chose plus plaisante, que belle contenance et coy maintien. »

Mais, en dépit de ces sages et honorables conseils, les contemporaines de Christine de Pisan ne se contentaient pas de leurs *hennins* ou hauts-bonnets à oreilles et à cornes, de leurs robes à queue traînante, de leurs *surcots* ou corsages étroits, de leurs souliers à poulaines et de tout l'attirail de leurs *estats et bombans ;* elles s'appliquaient à montrer qu'elles étaient en *bon point*. Le poëte de la cour de Charles VI, Eustache Deschamps, dans son poëme intitulé le *Mirouer de mariage*, encourage les demoiselles qui cherchaient des maris, à adopter les robes *de nouvelle forge*, à large collet évasé, de manière à rendre « plus apparans » les seins et la gorge.

Mais, quoique la maigreur fût plus rare autrefois chez les femmes, qu'elle ne l'est aujourd'hui, il y avait pourtant des femmes maigres, qui se seraient crues déshonorées si elles n'eussent reconquis par artifice l'embonpoint qui leur manquait. C'était, il est vrai, l'enfance des *faux appas*, qui, depuis cette époque jusqu'à nos jours, n'ont pas cessé de faire partie essentielle de la science de la toilette. Le poëte Eustache Deschamps, dans son poëme du *Mirouer de mariage*, n'a garde de les oublier : il prend même la peine d'indiquer le moyen de les fabriquer avec « deux sacs, par manière de male », qui remplissaient à peu près les conditions d'un corset moderne bien rembourré.

Ce n'est pas tout; une femme à la mode devait faire saillir ses hanches et donner à ses formes postérieures autant d'ampleur et de proéminence que la nature pouvait en accuser. Le procédé le moins factice consistait à serrer étroitement la taille, avec la ceinture, afin que les reins parussent plus larges, développés, au-dessous du buste, aminci par un corsage plat et collant.

Eustache Deschamps décrit ce procédé, comme s'il avait étudié la poésie chez un *tailleur de robes*. D'après sa description, la robe d'une femme à la mode devait être « estroicte par les flancs, » très-étoffée autour des reins, bouffante par derrière et garnie déjà de cet accessoire que nous avons nommé *tournure*; moins ample au-dessous du genou et tombant « à fond de cuve » sur les pieds.

Les miniatures des manuscrits du temps nous permettent de juger combien de pareilles robes donnaient aux femmes un air étrange, une contenance roide et une silhouette disgracieuse.

Dans ce système de robe, la poitrine était entièrement découverte, *pectus discopertum usque ad ventrem*, dit Olivier Maillard dans un de ses sermons. Cette espèce de robes, ouvertes par-devant jusqu'au ventre, avait été imaginée par la reine Isabeau, et le peuple, qui s'indignait de ce luxe *outrageux*, les avait surnommées *robes à la grand' gore* (truie); il appelait aussi *gorières* les femmes qui les portaient, et il regardait comme des filles publiques, celles qui n'avaient pas la précaution de fermer, avec une *affiche* ou broche de métal, l'ouverture de leur corsage.

Depuis la fin du quatorzième siècle, il y eut toujours, dans les modes des femmes, une intention, plus ou moins marquée, de montrer ce qu'on feignait de vouloir cacher.

Si la licence des mœurs, à cette époque, amena l'immodestie du costume, si l'amour du luxe fut le principal agent de la Prostitution, il faut dire cependant que la galanterie eut cela de bon qu'elle enseigna la propreté aux femmes, qui avaient été auparavant fort sales et peu soigneuses de leur personne. Un proverbe populaire, rapporté et commenté par Beroalde de Verville dans son *Moyen de parvenir*, prouve assez que les femmes honnêtes osaient s'enorgueillir de ne jamais se permettre d'ablutions secrètes. Selon ce proverbe obscène, les courtisanes seules ne se bornaient pas à se laver la figure et les mains. Ce fut évidemment l'envie et le besoin de plaire qui apprirent aux dames et damoiselles à se tenir *bien nettes* et *bien propres*, à se parfumer et à combattre avec de bonnes senteurs les émanations nauséabondes de l'infirmité humaine. Il paraît pourtant que certains soins de la toilette furent réprouvés d'abord par le préjugé national et qu'on se défendit longtemps de les employer; mais, si les femmes entouraient du plus profond mystère ces délicatesses de propreté locale, elles ne craignaient pas d'avouer l'usage qu'elles faisaient des fards et des odeurs, qui leur avaient valu le surnom de *muguettes*. Ce n'est qu'au seizième siècle que la propreté du corps devint une condition essentielle de la beauté féminine. Marie de Romieu, dans son *Instruction pour les jeunes dames*, ne rougit pas de les inviter à « se tenir bien nettement, quand ce ne seroit que pour la satisfaction de soy mesme ou d'un mary. » Elle s'exprime, sur ce sujet, en femme qui a reconnu que l'eau ne coule pas seulement pour la honte de son sexe : « Encores, dit-elle, ne faut-il pas faire comme quelques-unes que je cognois, qui n'ont soin de se tenir propres, sinon en ce qui paroist à descouvert, se tenant ordes et sales, au demeurant de ce qui est dessous le linge. Mais je veux qu'une belle damoyselle se lave bien souvent d'eau où on auroit bouilly de bonnes senteurs, car il n'y a rien si certain que ce qui fait plus fleurir la beauté d'une jeune dame, est la propreté de se ténir nettement. » On voit, dans les *Controverses du sexe masculin et féminin* de Gratian du Pont, seigneur de Drusac, publiées en 1530, que, nonobstant les lois naturelles de la propreté, les femmes usaient de senteurs plutôt que d'eau claire; elles ne faisaient qu'accroître ainsi la mauvaise odeur qu'elles voulaient déguiser. Le seigneur de Drusac dit que quelques-unes, les grasses surtout, portaient des éponges parfumées

> Entre leurs cuisses et dessoubz les aisselles,
> Pour ne sentir l'espaulle de mouton,
> Le faguenas et telz senteurs infames...

Il faut lire ces *Controverses*, pour se rendre compte de ce que c'était que la malpropreté de la plupart des femmes, et principalement des femmes de bien, malgré leur curieuse recherche de parfumerie, qu'elles ne regardaient, en aucun cas, comme un déshonneur. Le seigneur de Drusac rapporte, entre leurs *grandes habiletez*, qu'elles portaient souvent des caleçons ou *tirebrayes*, quand elles dansaient des danses lombardes ou *gaillardes*, et ces caleçons, inventés « pour garder de tumber le boyau, » étaient ordinairement remplis de souillures et sentaient plus fort qu'un *retrait*. N'était-ce pas un merveilleux préservatif de leur vertu ?

Les bains d'eau de rivière, froide ou tiède, ne furent presque pas en usage avant le dix-septième siècle; on ne les prenait que dans l'intérieur des maisons riches, en arrivant de voyage ou bien au moment de se mettre à table. Nous voyons, dans la *Chronique scandaleuse de Louis XI*, que ce roi, allant souper et loger chez de bons bourgeois de Paris, y trouvait toujours un bain chaud qui l'attendait. Mais rien n'était moins général que cette espèce de bains de luxe. On se contentait des bains de vapeur, et on allait aux étuves. Ces établissements publics se multiplièrent à Paris vers le douzième siècle et furent très-suivis jusqu'à la fin du seizième siècle, où on les abandonna tout à coup, on ne sait pourquoi. Il n'y avait pourtant pas d'autres bains et l'on n'en désirait pas d'autres. C'était une imitation des habitudes orientales que les croisades avaient importées en France. Mais les femmes, celles du moins qui tenaient à leur réputation, n'allaient point aux étuves : on n'y rencontrait que des chambrières, des *commères*, des femmes de mauvaise vie. « Aussy, disait Chris-

tine de Pisan , de baigneries , d'estuves et de commérages trop hanter à femmes , et telles compagnies,
sans nécessité ou bonne cause, ne sont que despens
superflus, sans quelque bon qui en puisse venir, et,
pour ce, de toutes telles choses et d'autres semblables, femme, si elle est saige, qui ayme honneur, et
eschever veut blasme , se doibt garder. » Il résulte
d'une foule de témoignages qui s'accordent tous,
qu'une femme qui fréquentait les étuves n'en revenait plus propre au physique qu'aux dépens de sa
pureté morale. Voilà pourquoi ces étuves furent
presque assimilées aux lieux de Prostitution.

Les hommes pouvaient donc se vanter d'être plus
difficiles en fait de propreté, que les femmes; aussi
étaient-ils moins qu'elles, adonnés aux *senteurs* et
aux *fardements*. Ils se modelaient pourtant, en affaire
de mode et de toilette, sur le sexe, qui était toujours
le souverain arbitre de ces *mondanités*./ A toutes les
époques où le luxe des habits se ressentait de la
dépravation des mœurs, les hommes, de même que
les femmes, se plaisaient, suivant l'expression de
Dulaure, à « défigurer le nu » et à refaire, pour
ainsi dire, l'œuvre du Créateur, sous l'inspiration
d'une idée indécente ou libertine. Ainsi, quand les
femmes s'appliquèrent à faire ressortir artificiellement
les formes de leur sein , de leurs cuisses, de leurs
reins et même de leur ventre , les hommes, dit Monstrelet, « se prindrent à vestir plus court qu'ils n'eussent oncques fait, tellement que l'on véoit la façon

de leurs culs et leurs génitoires, ainsi comme l'on soûloit vestir les singes, qui estoit chose très-malheureuse et très-impudique. Portoient aussy à leur pourpoint gros mahoistres, pour monstrer qu'ils feussent larges par les espaules. » Ces *mahoîtres* étaient une sorte de bourrelet qui augmentait la carrure des épaules et garnissait l'avant-bras. Le *muguet* le plus fluet se donnait, par ce moyen, l'apparence d'un Hercule. La vanité masculine ne s'était point arrêtée là. « Sous le règne de Charles VII, on voit se répandre généralement, dit M. Ludovic Lalanne dans le *Dictionnaire encyclopédique de la France* (article cos-TUMES), avec la mode des épaules artificielles ou bourrelets, appelés *mahoîtres*, d'où pendaient de grandes manches déchiquetées, celle des *braguettes* ou étuis, qui resserraient l'entre-deux du haut-de-chausses et s'ornaient de franges et de touffes de rubans. »

Les historiens de la Mode ne parlent qu'avec une extrême réserve, de cette partie du haut-de-chausses ou plutôt de cet appendice bizarre, qu'on nommait *braguette* ou *brayette*, aux quinzième et seizième siècles, et qu'on aurait peine à regarder comme une mode historique, si on ne la retrouvait dans les anciens tableaux et les anciennes gravures. C'était, dans l'origine, une bourse ou un fourreau en cuir, entièrement séparé du haut-de-chausses, auquel il se reliait par des nœuds ou des aiguillettes. On comprend que ce singulier vêtement local ne fut d'abord admis que par les gens du

peuple; mais on le trouva commode, et dès que les
yeux s'y accoutumèrent, on ne dédaigna pas de lui
accorder successivement droit de bourgeoisie et de
noblesse. Bientôt, tous les hommes, à quelque condition qu'ils appartinssent, le roi comme le porte-
faix, arborèrent la braguette et l'étalèrent aux regards
des dames, qui ne s'en offusquaient plus. L'origine
de la braguette se rattache sans doute à l'histoire
des armes défensives, et l'on peut lire, à ce sujet, un
chapitre du *Pantagruel* (liv. III) intitulé : *Comment
la braguette est la première pièce de harnoys entre gens
de guerre.* Lorsque les gens de guerre étaient armés
de pied en cap et couverts de lames ou de mailles de
fer, une boîte de métal, garnie intérieurement d'une
éponge, protégeait leurs parties naturelles; cette
boîte fut remplacée par un treillis d'acier et ensuite
par une bourse de cuir. Le cuir ne tarda pas à faire
place à des étoffes de laine et de soie, dès que la
braguette devint une pièce de l'habillement civil,
et, comme pour attirer davantage sur elle l'attention
de toutes les personnes qui ne songeaient plus à s'en
scandaliser, on l'enjoliva de rubans, de dorures
et même de joyaux. Un passage du *Gargantua*, dans
lequel Rabelais décrit minutieusement le costume de
son héros, donne une idée exacte de l'effet que devait produire une de ces braguettes monstrueuses
qui n'étaient *pleines*, dit-il, *que de vent.* Il ne faut
pas oublier que Gargantua était un géant énorme
qui *compissait* les Parisiens du haut des tours de

Notre-Dame : « Pour sa braguette, feurent levées
soize aulnes un quartier d'icelluy mesme drap (es-
tamet blanc) et feut la forme d'icelle comme d'un arc-
boutant, bien estachée joyeusement à deux belles
boucles d'or, que prenoient deux crochets d'esmail,
en un chascun desquels estoit enchassée une grosse
esmeraugde, de la grosseur d'une pomme d'orange.
Car (ainsy que dict Orpheus, *libro de Lapidibus*, et
Pline, *libro ultimo*), elle n'a vertus erectifve et con-
fortatifve du membre naturel. L'exiture (ouverture)
de la braguette estoit, à la longueur d'une canne,
deschiquetée comme les chausses, avec le damas bleu
flocquant comme devant. Mais, voyans la belle bor-
dure de canetille et les plaisans entrelacs d'orfebvrerie
garniz de fins dyamans, fins rubis, fines turquoyses,
fines esmeraugdes et unions (perles) persiques, vous
l'eussiez comparée à une belle corne d'abondance,
telle que voyez es antiquailles et telle que donna
Rhea aux deux nymphes Adrastea et Ida, nourrices
de Jupiter : tousjours galante, succulente, resudante,
tousjours verdoyante, tousjours fleurissante, tousjours fructifiante, pleine d'humeurs, pleine de fleurs,
pleine de fruicts, pleine de toutes delices. Je advoue
Dieu, s'il ne la faisoit bón veoir! »/Rabelais s'occupe
si souvent des braguettes, dans son joyeux roman,
qu'on peut se figurer le rôle important qu'elles
jouaient dans le monde. Rabelais parle même d'un
livre qu'il avait composé *sur la dignité des braguettes!*

Ces terribles braguettes tinrent bon, et s'étalèrent

en public, jusqu'au règne de Henri III, où les tailleurs eurent la pudeur de les faire rentrer dans l'économie des chausses *à la suisse* ou *à la martingale* ; leur nom seul resta encore à la partie mobile, moins apparente et plus modeste, qui faisait corps avec le vêtement, et qui se formait toujours avec des aiguillettes. Au reste, dans le cours du seizième siècle, le costume des hommes, sans redevenir long et ample, affecta une décence qu'il n'avait jamais eue, quoique les vieillards et les libertins conservassent l'antique braguette, « ce vain modèle et inutile d'un membre, que nous ne pouvons seulement honnestement nommer, duquel toutesfois nous faisons montre et parade en public (*Essais* de Michel de Montaigne, liv. 1, ch. 22). » Les vêtements rembourrés étaient de mode, mais on n'attachait pas, ce nous semble, une pensée malhonnête à cette manie de mettre du coton partout et d'enfler ainsi le buste, la *panse*, les cuisses et les reins, avec des baleines et des coussinets. Nous avons lu, pourtant, que les mœurs italiennes, qui régnaient alors à la cour de France, furent seules causes de cette ostentation de formes arrondies et provoquantes, que les jeunes débauchés enviaient aux femmes. Celles-ci, du moins, se montraient fidèles aux traditions de leur sexe, en découvrant leur gorge autant que possible et en se disputant entre elles les attributs de Vénus Callipyge. Les *vertugales* et les *basquines* furent inventées, et firent fureur. Un commentateur de la *Satyre Ménippée* (édit. de Ratisbonne, 1726, t. II, p. 388) dit que ces vertugales avaient été imaginées par les courtisanes, « pour cacher leurs grossesses. » Aussi, lorsque les femmes honnêtes commencèrent à vouloir réhabiliter les vertugales en les adoptant, un cordelier, qui prêchait alors à Paris, dit, dans un sermon, que les dames avaient quitté la *vertu*, mais que la *gale* leur était restée. (Voy. l'*Apologie pour Hérodote*, de H. Estienne, t. I, p. 310, édit. de le Duchat.) Cette mode était déjà dans toute sa vogue en 1550 : un poëte moral et facétieux publia, vers ce temps-là, la satire ou *Blason des basquines et vertugales, avec la belle remonstrance qu'ont fait quelques dames, quand on leur a remonstré qu'il n'en falloit plus porter.* La pièce eut assez de vogue pour exciter la verve satirique des imitateurs : l'un composa et fit paraître la *Complainte de monsieur le C...,* contre les inventeurs des vertugales ; un autre, la *Réponse de la Vertugale au C...,* en forme d'invective. Ces espèces de gros bourrelets, que les femmes portaient, par-dessus la robe, tout autour des reins, avaient pris métaphoriquement un nom fort grossier, qui eut cours dans la langue usuelle pendant plus de quarante ans. Quand une dame voulait sortir, elle disait à ses chambrières : « Apportez-moi mon cul ! » Et les chambrières, qui le cherchaient, se disaient l'une à l'autre : « On ne trouve pas le cul de madame ! Le cul de madame est perdu ! » (Voy le *Dial. du nouveau langage françois italianisé*, par H. Estienne, édit. d'Anvers, 1579,

p. 202.) On lit aussi, dans la *Satyre Ménippée*, écrite en 1593 : « Pareillement fut aux femmes enjoint de porter de gros culs et d'*enger* (ce mot est évidemment altéré : on pourrait le remplacer par *enginer*, dans le sens de *besigner*) en toute sûreté sous iceux, sans craindre le babil des sages femmes. »

Le mot ordurier, dont les plus grandes dames n'hésitaient pas à se servir pour désigner leurs basquines et leurs vertugales, avait été créé par le peuple, qui eut bien de la peine à s'accoutumer à une pareille mode. Les méchantes langues poursuivaient de brocards graveleux et injurieux les vertugales qui osaient se montrer dans les rues et les promenades. L'un disait :

> . . . O la gente musquine !
> Qu'elle a une belle basquine !
> Sa vertugalle est bien troussée
> Pour estre bientost engrossée !

L'autre disait :

> . . . . . O quel plaisir,
> Qui pourroit tenir à loisir
> Ceste busquée, si mignonne,
> Qui a si avenante trogne !

L'auteur anonyme du *Blason des vertugales* leur fait la guerre au point de vue chrétien, et les représente comme des *dissolutions infâmes* qui ne servaient qu'à engendrer le scandale et à damner les gens. Il veut même prouver que toute femme qui se désho-

noire par cette mode dissolue, est une paillarde, ou
une médisante, ou une maquerelle méchante, ou
une épouse adultère. L'auteur de la *Complainte* traite
la chose avec moins de sévérité ; il se plaint seulement de ce que la vertugale expose davantage la
vertu des femmes à des assauts et à des périls, contre
lesquels les *cottes serrées* les défendaient, du moins ;
il raconte, dans les termes les plus libres, le rôle
complaisant que jouait la vertugale quand un galant
voulait en venir à ses fins ; il prétend que Lucifer,
ou son serviteur *Fricasse*, a sans doute inventé une
mode aussi favorable à la débauche, pour se donner
le plaisir de compromettre la pudeur des femmes
qui tombent à la renverse :

> Depuis qu'on les a inventées,
> On voit les femmes effrontées
> Et, si elles sont renversées,
> On les voit jusqu'à la froissure.

La Vertugale, dans sa *Réponse à monsieur le C...,*
n'épargne pas le vilain qui l'avait invectivée : elle lui
dit son fait, avec une incroyable liberté, et elle s'é-
tend avec orgueil sur ses propres mérites :

> Faicte je suys pour grandes dames
> Vertueuses de corps et d'âmes,
> Faicte je suys pour damoiselles
> Qui ont vers leurs marys bons zelles.
> Je dis qu'une femme de bien,
> Pour avoir meilleur entretien
> Et plaire plus fort à son homme,
> Me veust porter, voyre dans Rome,

> Non pas une femme commune
> Qui change ainsi comme la lune,...
> Bien venue suys en la court,
> Pourveu que l'argent ne soit court.
> Là tout le monde me salue,
> Là je suys la tres bien venue !

L'auteur de la *Réponse* n'admet donc pas que les vertugales puissent être mal portées, et cette mode, dont il attribue l'invention à un *homme sage*, il la justifie hardiment contre le reproche qu'on lui avait fait de ne plus convenir qu'aux femmes de vie désordonnée. Là-dessus, il remonte à la source de cette calomnie, et il raconte qu'une vertugale, ayant été volée par un *riladour* (proxénète), arriva dans un mauvais lieu du Champ-Gaillard, et fut donnée en présent à une fille d'amour, qui osa s'en parer pour aller à la messe et *faire la fanfare* en pleine rue. Mais cette fille, ne sachant porter cet accoutrement nouveau pour elle, n'eut pas plutôt mis le pied dehors, qu'elle tomba en arrière, et resta une heure et demie dans une position embarrassante,

> Et lors monstroit ses gringuenauldes,
> Plus dures que les baguenaudes
> Qui pendoient de son cul infect.

Les vertugales, du moins, étaient bien innocentes des vilaines choses que leur indiscrétion laissait voir quelquefois, car elles n'avaient été imaginées, disait-on, que pour faire circuler l'air sous les robes et y entretenir une fraîche température, aussi salutaire à la propreté du corps que capable de réprimer les ardeurs des sens. Cette destination des vertugales se trouve à peine indiquée dans ces vers de la *Complainte* :

> Mauldits soient ces beaux inventeurs,
> Ces coyons, ces passementeurs
> De vertugalles et basquines,
> Que portent un tas de musquines
> Pour donner air à leur devant !

Les vertugales servaient encore à cacher une grossesse pendant cinq ou six mois et à conserver aux femmes enceintes les apparences d'une taille fine et gracieuse. Il paraîtrait, d'après un passage des *Dialogues du langage françois italianisé*, que cette mode, qui développait singulièrement la circonférence du ventre et des reins, n'avait pas d'abord pour objet de faire un embonpoint postiche aux femmes qui en manquaient, car, au milieu du seizième siècle, les maigres étaient plus estimées que les grasses. « Les dames vénitiennes, dit le Français qui figure dans les *Dialogues*, cherchent, par tous moyens, à estre non-seulement en bon poinct, mais grasses (et on me disoit que, pour cest effect, elles usoient fort, entre autres viandes, de noix d'Inde) : or, vous savez que les nostres hayent et fuyent cela. » Néanmoins, pour exprimer que tout n'était pas coton et bourre dans les vertugales d'une femme, on faisait son éloge en usant de cet italianisme : C'est une *bonne robbe !* Mais les *messieurs* se vantaient d'aimer la chair et non la graisse : ce qui est bien rendu dans cette profession de foi d'un débauché latiniste : *Carnarius sum, pinguiarius non sum*. Les vertugales furent abandonnées sous le règne de Louis XIII, mais elles devaient reparaître, à de longs intervalles, avec des proportions moins fantastiques, sous les noms de *vertugadin*, de *paniers*, de *tustucru*, de *tournure*, etc. Au reste, ces vertugales avaient ramené avec elles un ancien usage qui n'intéressait pas moins la propreté que la pudeur : les femmes s'étaient remises à porter des *caleçons*, pour se garantir du froid et de la poussière, en même temps que de la honte d'une chute. De plus, « ces caleçons, dit le Français *italianisé* des *Dialogues* d'Henri Estienne, les assurent aussi contre quelques jeunes gens dissolus, car, venans mettre la main soubs la cotte, ils ne peuvent toucher aucunement la chair. »

Nous croyons que la mode des caleçons pour les femmes était essentiellement française, car cette mode, déjà introduite à la cour vers la fin du quatorzième siècle, se recommandait par des raisons d'utilité et de décence. Mais la mode des robes ouvertes, décolletées et débraillées, cette mode qui régna si audacieusement pendant tout le seizième siècle, avait été naturalisée en France, avec les mœurs italiennes, sous le règne de François Ier. A cette époque, le peuple appelait *dames à la grand'gorge* les femmes qui portaient des robes ouvertes sur la poitrine; le peuple n'avait plus alors qu'un vague souvenir des *robes à la grand'gore*, qui le scandaliseront tant, lorsque Isabeau de Bavière les mit à la mode. Ce fut évidemment l'Italie qui donna l'exemple de ce nouvel abus des nudités de la gorge. Une facétie, imprimée en 1612, ayant pour titre *la Mode qui court et les singularités d'icelle*, nous autorise à soutenir cette accusation contre *Chouse*. C'est ainsi qu'on nommait la France italianisée. « Chouse, dit l'auteur de *la Mode qui court*, a encore inventé de représenter le teton bondissant et relevé par des engins au dehors, à la veue de qui voudra, pour donner passe-temps aux altérez, et, suivant cela, on dit :

> Jeanne, qui fait de son teton paruro,
> Fait veoir à tous que Jeanne veut pasture. »

Les poëtes et les romanciers de ce temps-là nous parlent tous de ce prodigieux débraillement, que favorisait l'usage des corsets, armés de buses d'acier, de baleines et de fil d'archal. Dans le *Discours nouveau de la Mode*, excellente satire en vers publiée en 1613, l'auteur anonyme, après avoir dépeint sans trop de répugnance

> D'un large sein le tetin bondissant,

nous apprend que, si par un reste de pudeur la *femme du bourgeois* usait encore de *points coupés* et *ouvrages de prix* pour s'en couvrir la gorge, au lieu d'avoir, comme autrefois, le *haut de la robe fermé* avec une agrafe, les dames de qualité,

> . . . Au moins pour la plus part, n'ont cure
> D'avoir en cest endroit aucune couverture;
> Elles aiment bien mieux avoir le sein ouvert
> Et plus de la moitié du tetin descouvert;
> Elles aiment bien mieux, de leur blanche poitrine,
> Faire paroistre à nud la candeur albastrine,
> D'où elles tirent plus de traits luxurieux
> Cent et cent mille fois, qu'elles ne font des yeux.

On peut dire que jamais, à aucune époque, les femmes de haut parage n'avaient mis tant de recherches et tant d'apprêts dans l'art de se faire une belle gorge et de paraître *en bonne conche*, comme on disait alors; la plus maigre trouvait moyen, à force de se serrer la taille, de montrer un simulacre d'embonpoint qui reposait sur des coussinets de bourre; la plus grasse ne cherchait pas à dissimuler l'énormité de sa *tablature*, selon l'expression équivoque empruntée à la notation musicale du temps. Les vieilles elles-mêmes ne se croyaient point exemptes de cet indécent abus des nudités de la gorge. Le *Divorce satyrique* nous représente la reine Marguerite, à l'âge de cinquante ou cinquante-cinq ans, allant recevoir la sainte communion, trois fois par semaine, « la face plastrée et couverte de rouge, avec une grande gorge descouverte qui ressemble mieux et plus proprement à un cul que non pas à un sein. » (Voy. le *Div. satyr.*, à la suite du *Journal* de l'Estoile, édit. de 1744, t. IV, p. 544.) Cependant Brantôme, dans ses *Dames galantes*, qu'il fit lire en manuscrit à la reine Marguerite, n'a pas l'air de craindre une allusion désagréable pour cette princesse, lorsqu'il parle sans ménagement de certaines femmes « opulentes en tetasses avalées, pendantes plus que d'une vache allaitant son veau. » Brantôme ajoute plaisamment que, si quelque orfévre s'avisait de prendre le modèle de ces *grandes tetasses* pour en faire deux coupes d'or, ces coupes ressembleraient à « de vrayes auges, qu'on voit de bois, toutes rondes, dont on donne à manger aux pourceaux. »

Ce n'étaient pas seulement les confesseurs et les prédicateurs qui condamnaient ces nudités, c'étaient les philosophes et les moralistes qui conseillaient aux femmes de ne pas perdre une partie de leurs avantages naturels en ne laissant rien désirer au regard. « La satiété engendre le desgoust, disait Montaigne (*Essais*, liv. II, ch. xv); c'est une passion mousse, hébétée, lasse et endormie. » Puis, comme s'il n'avait pas vu les objets que la mode exposait effrontément à tous les yeux, Montaigne s'imaginait que les dames de la cour de Henri III étaient encore vêtues aussi amplement, aussi décemment, que les matrones romaines : « Pourquoy, disait-il dans sa naïve préoccupation, a-t-on voilé jusque dessoubs les talons ces beautés que chascune desire monstrer, que chascun desire veoir? Pourquoy couvrentelles de tant d'empeschemens les uns sur les autres les parties où loge principalement nostre desir et le leur? » Montaigne, qui n'avait pas pris garde à cette *monstre* perpétuelle du sein nu chez ses contemporaines, s'était aperçu pourtant des proportions monstrueuses de leurs vertugales, qui procédaient d'un système de coquetterie tout différent ; car Montaigne leur demande avec une malicieuse bonhomie : « Et à quoy servent ces gros bastions, de quoy les nostres viennent armer leurs flancs, qu'à leurrer nostre appetit par la difficulté, et à nous attirer à elles en nous esloingnant ? » On est tenté de croire que la pudeur alors consistait moins à cacher certaines parties du corps, qu'à ne point en exagérer la forme sous des voiles qui la faisaient mieux ressortir. La Prostitution, il est vrai, avait sa part dans toutes ces curiosités de la mode, et, comme Brantôme a eu l'audace de le prouver par des anecdotes qu'on ira chercher dans un chapitre intitulé *De la veue en amour*, les yeux étaient toujours les corrupteurs de l'âme et les complices de l'imagination. L'habitude cependant avait diminué sans doute l'indécence des nudités, qui n'offensaient pas la vue des hommes les plus graves, quand elles accompagnaient, comme un accessoire indispensable, la grande toilette de cour. Ainsi nous avons vu, au château de Chenonceaux, Catherine de Médicis donnant un festin qui était servi par ses filles d'honneur à moitié nues. Les mémoires du temps nous fourniraient une foule de faits analogues : rien n'était plus ordinaire que de voir, dans les ballets, dans les mascarades, dans les banquets, des femmes

figurant des nymphes et des déesses, les cheveux
épars flottant sur les épaules, la poitrine découverte
jusqu'à la ceinture, les jambes et les cuisses nues,
le reste du corps se dessinant sous une étoffe souple
ou transparente. Il résulterait de bien des exemples
semblables, qu'on peut faire remonter aux anciennes *entrées* solennelles des rois et des reines (car ces
jours-là le peuple ne s'indignait pas de voir, sur des
échafauds dressés dans les rues et les carrefours de
Paris, certains *mystères* ou tableaux allégoriques re-
présentés par des femmes et des hommes entièrement nus); il résulterait, disons-nous, que la nudité
n'était pas considérée comme un outrage à la pudeur,
quand on la dégageait de toute idée malhonnête et
de toute convoitise charnelle. Gabrielle d'Estrées
s'était fait peindre plusieurs fois, d'après nature, par
les peintres ordinaires du roi, Raimond Dubreuil et
Martin Freminet, dans le simple appareil d'une bai-
gneuse qui sort du bain ou qui y entre; ce qui éloi-
gne de ces tableaux naïfs le soupçon d'une pensée
libertine ou même voluptueuse, c'est que la maîtresse de Henri IV, en se faisant peindre toute nue,
n'a jamais négligé de faire placer dans le fond de
la toile les nourrices et les berceuses de ses enfants.

La nudité de la gorge n'était donc, à cette époque, qu'un ornement indispensable du costume
d'apparat, et personne, excepté les ecclésiastiques
et les protestants, ne songeait à s'en formaliser. La
plupart des beaux portraits, aux trois crayons, que

Dumoustier et ses imitateurs ont exécutés à la fin du seizième siècle, constatent la généralité de cette mode, qui avait atteint dès lors ses dernières limites; car les robes, du moins celles de gala, étaient ouvertes, de manière à laisser paraître la moitié du sein, et quelquefois plus, les épaules et le haut des bras jusqu'aux aisselles, le dos jusqu'au-dessous des omoplates. L'étiquette de la cour autorisait cet oubli de toute pudeur, que la morale publique et la religion condamnaient à la fois, sans obtenir une réforme qui semblait tant intéresser les mœurs. Les femmes qui allaient au sermon pour entendre un discours dirigé contre les habits dissolus, ne craignaient pas de rester le sein découvert sous les yeux du prédicateur. Elles attribuaient au rigorisme des huguenots la guerre continuelle que l'Église faisait à ces pompes de Satan et à ces vanités du monde; c'était Genève, en effet, qui avait commencé à poursuivre de ses anathèmes les modes déshonnètes. Dès l'année 1551, un ami de Calvin publia, sans se nommer toutefois, une *Chrestienne instruction touchant la pompe et excez des hommes desbordez et femmes dissolues, en la curiosité de leurs parures et attiffements d'habits*. Cette instruction avait été, quelques années plus tard, refaite à l'usage spécial des calvinistes, sous ce titre : *Traité de l'estat honneste des chrestiens en leur accoustrement* (Genève, Jean de Laon, 1580, in-8°), et à l'usage des catholiques, par Jérôme de Chastillon, sous ce titre : *Bref et*

utile discours sur l'immodestie et superfluité des ha-
bits (Lyon, Séb. Gryphius, 1577, in-4°). Les ca
suistes catholiques s'attachaient de préférence à ré-
primander le luxe au point de vue de l'orgueil;
les hétérodoxes se montraient plus préoccupés de la
chasteté et de la décence, lorsqu'ils attaquaient la
dissolution des habits. Il faut donc reconnaître un
bon et austère protestant dans ce François Æstienne,
qui fit imprimer en 1581, à Paris, un petit traité
de morale somptuaire intitulé *Remonstrance chari-*
table aux dames et damoiselles de France, sur leurs
ornements dissolus, pour les induire à laisser l'habit
du paganisme et prendre celui de la femme pudique
et chrestienne. Mais les théologiens catholiques se
piquèrent au jeu et ne laissèrent plus rien à faire aux
protestants pour dénoncer au mépris des personnes
pieuses ces effroyables nudités, que le père Jacques
Olivier n'avait pas oubliées dans son *Alphabet de*
l'imperfection et malice des femmes (Paris, 1623,
in-12). Cette croisade des écrivains ecclésiastiques
contre les nudités se continua sans interruption
pendant tout le dix-septième siècle, et l'on peut signaler, comme un de ses résultats les plus disputés,
l'emprisonnement d'une partie du sein et des épaules dans le corsage de la robe. Il ne faut pas perdre
de vue que les ennemis implacables des modes impudiques avaient abordé le point délicat de leur
controverse. Polman rompit la glace le premier, en
mettant au jour *le Chancre ou couvre-sein féminin*

(Douai, 1636, in-8°); après lui, Pierre Juvernay toucha de plus près encore la question, dans son *Discours particulier sur les femmes desbraillées de ce temps* (Paris, Lemur, 1637, in-8°). Ce discours eut du succès, sans qu'on puisse dire à quelle espèce de lecteurs il dut ce succès; mais, en 1640, la quatrième édition paraissait avec ce nouveau titre : *Discours particulier contre les filles et les femmes découvrant leur sein et portant des moustaches.* Tout n'avait pas été dit sur ce sujet, puisqu'un anonyme, sous le voile duquel on a voulu reconnaître l'abbé Jacques Boileau, docteur en Sorbonne, frère du grand satirique, publia enfin le chef-d'œuvre du genre : *De l'abus des nudités de la gorge* (Bruxelles, 1675, in-12). La seconde édition (Paris, 1677, in-12) est augmentée de l'*Ordonnance des vicaires généraux de Toulouse contre la nudité des bras, des épaules et de la gorge.* Le marquis du Roure a donné, dans son *Analecta-Biblion*, une curieuse analyse de ce traité célèbre, où l'auteur examine en 113 paragraphes la *nuisance et culpabilité* de la nudité des épaules et de la gorge : « Les femmes ne savent-elles pas, dit l'analyse du marquis du Roure, que la vue d'un beau sein n'est pas moins dangereuse pour nous que celle d'un basilic? — Quand on montre ces choses, ce ne peut être que dans un mauvais dessein. — Si les femmes et les filles se veulent bien souvenir de ce que dit saint Jean Chrysostome, elles se couvriront. — Ne veulent-elles plaire qu'aux libertins? Mais elles deviendront leurs victimes. Veulent-elles plaire aux honnêtes gens? Mais alors qu'elles se couvrent. — La femme est un temple dont la pureté tient les clefs. — Ses discours seraient chastes et sa parure ne le serait pas, quelle inconséquence! — Un sein et des épaules nus en disent plus que les discours. — Dieu compare la nation corrompue à la femme qui élève son sein pour lui donner plus de grâce. — Couvrez-vous donc, mais tout à fait, et ne couvrez pas ceci pour découvrir cela. »

Cette polémique sorbonnicale finit par entraîner la cour de Rome et par décider le pape Innocent XI à lancer une bulle d'excommunication contre l'abus des nudités de la gorge; mais, à cette époque, l'Église n'était plus, comme au seizième siècle, intéressée dans des questions de vie et de mort. On comprend donc que les modes licencieuses de ce siècle dépravé, tant invectivées par les écrivains protestants, aient presque échappé aux censures des théologiens catholiques, qui ne descendaient pas à ces menus détails de la vie mondaine, et qui se fortifiaient plutôt dans les sphères nuageuses du dogme; mais il y avait alors des moralistes qui se posaient en défenseurs de l'honnêteté publique et qui ne faisaient pas grâce à ces honteux *débordements* du costume. Le vénérable Jean des Caurres, principal du collège d'Amiens, ce singulier prototype de Michel de Montaigne, revient souvent sur les indécences de l'habillement de ses contemporains, dans le volumineux recueil de ses *Œuvres morales et diversifiées en histoires* (2ᵉ édition, Paris, G. de la Noue, 1584, in-8° de 1,398 pages). Tantôt il s'écrie : « Le déguisement est si grand et superflu, que ce jourdhuy on prend la femme pour l'homme et l'homme pour la femme, sans aucune différence d'habit ! » Tantôt il blâme les miroirs que les *courtisanes et damoiselles masquées* portaient à la ceinture, et qu'il nomme des *mirouers de macule pendans sur le ventre* : « Et pleust à la bonté de Dieu qu'il fust permis à toutes personnes d'apeller celles qui les portent, paillardes et putains, pour les en corriger !... Qu'on lise toutes les histoires divines, humaines et profanes, il ne se trouvera point que les impudiques et mérétrices les ayent jamais portez en public jusques à ce jourdhuy que le diable est deschaisné par la France ! »

L'honnête Jean des Caurres revient souvent sur l'usurpation du costume sexuel, sur le déguisement des sexes par l'habit; il s'indigne, par exemple, de voir « porter aux filles et femmes robes et manteaux à usage d'homme, qui est un habit fort malséant auxdites filles et femmes, défendu de Dieu au Deutéronome, qui dit : *Non induetur mulier veste virili, nec vir utetur veste feminea; abominabilis enim apud Deum est.* » Mais les courtisans de Henri III, à l'instar du roi et de ses mignons, avaient poussé plus loin encore que les femmes cette mascarade honteuse, dans laquelle ils s'étudiaient à ne rien

garder des caractères ni des attributs de leur sexe.
Nous en parlerons plus à propos dans le chapitre
que nous sommes forcé de consacrer à la hideuse
coterie des *Hermaphrodites*.

Brantôme, qui n'était pas un moraliste, quoiqu'il
fût abbé comme Jean des Caurres, nous fait connaître
aussi quelques-uns des excès de la mode de son
temps; mais il les cite et il se plaît à les développer
avec une indulgence qui accuse le dévergondage
de ses mœurs. Il rapporte, sans s'émouvoir, sans
s'indigner, les plus étranges témoignages de la dépravation des gens de cour. Nous renonçons, par
exemple, à traduire d'une manière supportable ce
qu'il dit des *coussinets* et de leur usage en amour;
nous n'essayerons pas davantage d'exposer, même
avec autant deréserve que possible, ses théories scandaleuses sur les caleçons que portaient les femmes,
et ses étranges révélations sur les arcanes de la toilette galante. Nous aurions voulu pourtant indiquer,
comme un des stigmates de la Prostitution de ce
siècle, l'incroyable parure que les femmes débauchées avaient inventée pour faire fête à leurs
amants, mais le lecteur voudra bien aller chercher,
dans les *Dames galantes* de Brantôme, au chapitre
de la veüe en amour, les détails de cette mode secrète, que les dames de la cour n'avaient pas dédaigné d'emprunter aux courtisanes de profession.
Brantôme avait ouï parler d'une *belle et honnête
dame*, qui ne rougissait pas de prendre de pareils

soins, et qui se vantait d'être ainsi plus *plaisante* aux yeux de son mari. La mort tragique de madame de la Bourdaisière révéla une intolérance de cette espèce, et causa un scandale qui eut des échos par toute la France. Tous les mémoires contemporains rapportent le fait, qu'on peut considérer comme un trait de mœurs acquis à l'histoire de cette époque corrompue. Pierre de l'Estoile s'est empressé de le recueillir dans ses registres-journaux. On le trouve aussi consigné dans les Observations que l'éditeur du *Journal de Henri III* (édition de 1744) a imprimées à la suite des *Amours du grand Alexandre,* en nous apprenant que ces Observations « viennent d'une personne qui connaissait exactement la cour du roi Henri IV. » Françoise Babou de la Bourdaisière, tante de Gabrielle d'Estrées, vivait en concubinage avec le baron Yves d'Alègre, qui périt avec elle, en 1592, massacré par le peuple, à Issoire, dont il était gouverneur pour Henri IV.

Brantôme nous fait connaître encore un des raffinements les plus ingénieux de la Prostitution à la cour des Valois. « Un grand prince que je scay, dit-il dans le deuxième discours de ses *Dames galantes,* faisoit coucher ses courtisannes ou dames dans des draps de taffetas noir bien tendus....... Brantôme aurait pu ajouter que cette invention, attribuée à la belle Impéria, et souvent mise en pratique par les grandes courtisanes italiennes, s'était introduite en France sous les auspices de la reine Marguerite, première femme de Henri IV. L'auteur du *Divorce satyrique* raconte, dans ce factum, écrit au nom du roi, que cette impudique adultère « continuant son opiniâtre inclination à sa volupté, et voulant l'exercer avec plus de délices et hors des rudesses de la toile, » recevait son amant, le seigneur de Champvalon, « dans un lit éclairé de divers flambeaux, entre deux linceuls de taffetas noir, accompagné de tant d'autres petites voluptés que je laisse à dire. » Les lits du seizième siècle étaient quelquefois larges de sept à huit pieds, car, dans certaines circonstances, l'étiquette, la politesse ou l'amitié exigeaient qu'un gentilhomme offrît une place dans son lit à quelqu'un, pour lui faire honneur ou lui témoigner une confiance fraternelle. C'était un vieil usage de la chevalerie : le partage du lit équivalait à tous les serments de l'ancienne fraternité d'armes. La nuit qui précéda la bataille de Montcontour, une relation, citée par Mayer, nous apprend que « M. de Guise bailla son lit à M. le Prince (de Condé) et couchèrent ensemble. » L'auteur de la *Galerie philosophique du seizième siècle* (Paris, 1783, in-8°, 3 v.) ajoute : « La coutume d'offrir son lit n'est passée de mode qu'à la minorité de Louis XIV. Louis XIII venoit partager le lit du connétable de Luynes : le connétable couchoit au milieu, le roi à sa droite, la duchesse à sa gauche. » Cette coutume singulière, qui paraît s'être conservée dans la petite bourgeoisie jusqu'à la révolution, et qui prouve

seulement la simplicité des mœurs de nos ancêtres,
n'était peut-être pas toujours aussi respectable. Il
est difficile, par exemple, de ne pas s'arrêter devant un doute et un soupçon, quand la tradition
licencieuse de Louis XIV nous rappelle que la charmante veuve de Scarron, qui fut depuis la sévère
et irréprochable madame de Maintenon, partageait
souvent le lit de son amie, la belle Ninon de Len-
clos. Quoi qu'il en soit, devenue favorite du roi, et
presque reine de France, elle se souvenait elle-
même, en soupirant, des intimes et folles conver-
sations de la *chambre jaune* du quartier Saint-Paul.

A une époque de démoralisation générale, telle
que celle qui régnait en France sous Henri III, tout
était ou pouvait être un prétexte ou une occasion
de scandale. La Prostitution la plus audacieuse avait
fait irruption dans la vie publique comme dans la
vie privée. Le roi, qui donnait lui-même l'exemple
du vice, et qui faisait parade de sa honteuse dépravation, publiait inutilement des édits contre le
luxe des habits ; les ordonnances somptuaires de
ses prédécesseurs étaient « si mal pratiquées et ob-
servées, qu'il ne s'est jamais veu de mémoire
d'homme, disait-il dans son édit du 24 mars 1583,
un tel excez et licencieux desbordement esdits habits et autres ornements, qu'il est à présent. » Mais
ce qui motivait ces ordonnances successives, c'était
moins l'indécence de l'habillement, que l'usage immodéré des étoffes de soie, des broderies d'or et

d'argent, des joyaux et de tous les produits de l'art étranger; ce qui préoccupait surtout la noblesse, que ces ordonnances intéressaient particulièrement, c'était moins de voir disparaître les modes impudiques, que de forcer les gens riches, qui n'étaient pas nobles, à subir une réglementation tyrannique dans le prix, la matière et la forme de leurs vêtements. Henri III disait, dans l'exposé de son grand édit de 1583, que ses sujets se *détruisoient* et appauvrissaient « par la dissolution et superfluité qui est es habillemens, et, qui pis est, et dont nous portons le plus de desplaisir, Dieu y est grandement offensé, et la modestie s'en va presque du tout esteinte; » mais il ne pensait pas à glisser parmi les articles de l'ordonnance une seule disposition répressive contre l'immodestie du costume. Il interdit, avec un soin minutieux, les « bandes de broderie, piqueures ou emboutissemens, passemens, franges, houppes, tortils ou canetilles, bords ou bandes, de quelque soye que ce soit, chesnettes et arrière-poincts » sur toute espèce d'habillement; il énumère, avec la même sévérité, les différences notables que la condition des personnes doit autoriser dans la richesse de leur accoutrement; il défend aux femmes *à chapperon de drap*, de porter plus d'une chaîne d'or au cou et plus d'une *rangée* de boutons, fers, aiguillettes ou nœuds, aux corps et fentes de leurs robes; mais il ne cherche pas à remédier aux *abominations et déguisements* de la mode, ainsi que les qualifiait alors le bonhomme Jean des Caurres, qui suppliait les magistrats et gouverneurs de la chose publique d'aviser à ce scandaleux relâchement des mœurs.

Déjà, en 1570, Henri III avait tenté de remettre en vigueur les édits somptuaires de Charles IX; il les avait fait lire et publier, « à son de trompe et cri public, » par les carrefours de Paris et des autres villes du royaume. Une amende de mille écus d'or devait être appliquée à quiconque, homme ou femme, serait trouvé en contravention, c'est-à-dire vêtu d'habillements que sa condition sociale ne lui permettait pas de porter. Mais, au moment même où le roi regardait comme une nécessité de renouveler les *saintes* ordonnances de ses ancêtres contre l'excès du luxe, « avec défense aux personnes non nobles d'usurper les habits des gentilshommes et faire leurs femmes damoiselles, » il ne prenait pas garde à l'incroyable indécence du costume des femmes. Le parlement, qui ordonnait alors la fermeture du théâtre italien des Gelosi, parce que « toutes ces comédies n'enseignoient que paillardises et adultères, et ne servoient que d'escole de desbauche à la jeunesse de tout sexe de la ville de Paris, » n'osait pas arrêter et réformer la *mode qui court*. « Le desbord (désordre), écrivait Pierre de l'Estoile dans ses registres-journaux, à la date du 26 juin 1577, en annonçant l'expulsion des Gelosi, le desbord y estoit assez grand, sans tels précepteurs, principalement entre les dames et damoiselles, lesquelles sembloient avoir appris la manière des soldats de ce temps, qui font parade de monstrer leurs poictrinals (cuirasses) dorés et reluisans, quand ils vont faire leurs monstres, car tout de mesme elles faisoient monstres de leurs seins et poictrines ouvertes, et autres parties pectorales, qui ont un perpétuel mouvement, que ces bonnes dames faisoient aller par compas ou mesure, comme un orloge, ou, pour mieux dire, comme les soufflets des mareschaux, lesquels allument le feu pour servir à la forge. » (Voy. le *Journal de Henri III*, dans l'excellente édition de MM. Champollion.)

Les ordonnances somptuaires, qui furent si multipliées dans le cours du dix-septième siècle, ne s'attaquèrent jamais qu'au luxe, et ne réglèrent que la valeur des habits et la qualité des étoffes, selon la condition des personnes ; elles ne s'adressaient pas aux caprices déshonnêtes de la mode, et elles restaient même indifférentes aux scandaleux abus des nudités. Mais la religion, d'une part, et la morale, de l'autre, suppléaient au silence des lois relatives au costume ; elles aidèrent, l'une et l'autre, aux progrès de la décence publique, et les femmes de bien, qui auraient eu honte de s'assimiler par leur habillement à des courtisanes, se chargèrent, mieux que ne l'eussent pu faire les rois et les parlements avec des édits, de soumettre la mode aux lois de la pudeur et de l'honnêteté. Cependant, comme le dit Joly dans ses *Avis chrestiens pour l'institution des enfans*, « une des plus difficiles choses à gagner sur les filles est de leur oster la curiosité des habits et des ornemens du corps. La raison de cela est que les femmes aiment naturellement à estre parées. » Le *débordement* était allé si loin en fait d'habits et de parure, que l'excès du mal produisit une heureuse et salutaire réaction : chacun voulut que sa manière de se vêtir ne fût pas un fâcheux indice pour ses mœurs, et personne, excepté les gens de mauvaise vie, ne chercha plus à se distinguer par des caractères extérieurs de débauche et d'impudicité. La bienséance reprit peu à peu son empire dans le domaine de la mode, et les dames et demoiselles, tout en réservant les nudités de la gorge et des épaules pour les bals et les galas, ne se montrèrent plus effrontément dans les rues, comme au seizième siècle, avec l'impure livrée de la Prostitution.

CHAPITRE XXXVI.

mœurs ecclésiastiques au seizième siècle. — Témoignages de
Jean de Monluc et de Brantôme. — Enquête contre l'abbé d'Aurillac. — Le clergé subit l'influence morale de la Réformation.

Nous possédons un document bien curieux et bien
étrange sur l'état de la Prostitution vers la fin du
seizième siècle. C'est un ouvrage intitulé *le Cabinet
du roy de France, dans lequel il y a trois perles précieuses d'inestimable valeur, par le moyen desquelles
Sa Majesté s'en va le premier monarque du monde et
ses sujets du tout soulagez.* Cet ouvrage rare, dont
il n'existe qu'une seule édition, forme un volume
in-8° de 647 pages, avec 8 feuillets préliminaires et
5 de table non chiffrés; il ne porte pas de nom de
lieu ni de nom de libraire; il est daté de 1581, sur
le titre, et l'épître dédicatoire à Henri III, dans laquelle l'auteur se cache sous les initiales de N. D. C.,
se termine par la date du premier novembre 1581.
Les bibliographes n'ont fait que citer ce livre, sans
daigner s'occuper de ce qu'il contient, et nous ne
connaissons que le recueil des *Mélanges tirés d'une
grande bibliothèque* (t. XVII, p. 362 et suiv.) où l'on
trouve une espèce d'analyse très-succincte et très-
imparfaite de cette singulière publication, sortie de
l'officine secrète des réformés. Il suffit d'examiner
ce volume et d'en comparer les caractères et le mode
d'impression, avec les livres imprimés vers la même
époque à la Rochelle, pour être certain qu'il a été
fabriqué dans un des ateliers typographiques de

cette ville qui était alors la capitale de la *hugueno-terie*. Quant à l'auteur du *Cabinet du roy de France*, le savant la Monnoye, dans ses remarques sur les *Auteurs déguisés* de Baillet, veut que ce soit Nicolas Barnaud, auquel il attribue également le *Miroir des François, contenant l'estat et le maniement des affaires de France*, publié sous le pseudonyme de Nicolas de Montand; mais rien n'autorise ni ne justifie cette attribution, que la Monnoye ne s'est pas donné la peine d'appuyer de quelques preuves ou de quelques raisons plausibles. L'opinion mise en avant par le commentateur de Baillet n'en est pas moins restée comme un fait acquis à la bibliographie. On a même cru expliquer les initiales de l'auteur inconnu, en les traduisant par *Nicolas de Crest* et en fondant cette bizarre conjecture sur ce que Nicolas Barnaud était né à Crest en Dauphiné!

Mais le nom de l'auteur ne nous importe guère, et nous n'entrerons pas dans de plus longs détails pour démontrer que Nicolas Barnaud, médecin, théologien *sociniste* et surtout chercheur infatigable de la pierre philosophale, n'aurait jamais pu rassembler les immenses matériaux statistiques, qui ont servi à composer le *Cabinet du roy de France*. Il suffit de constater, d'après une lettre de ce Barnaud, écrite à Leyde en 1599, qu'il avait voyagé en Espagne pendant plus de quarante ans, avant d'aller se fixer en Hollande (voy. cette lettre, en tête de son recueil d'alchimie, intitulé : *Quadriga aurifera, nunc*

4.

primum a Nicolao Bernaudo (sic), *Delphinate, in lucem edita. Lugd. Batav., ap. Christ. Raphelengium, 1599, in-8°).* Nous ne serions pas éloignés d'attribuer plutôt le *Cabinet* à Nicolas Froumenteau, dont le nom figurait en toutes lettres sur le titre d'un ouvrage du même genre, publié la même année : *le Secret des finances de France, descouvert et departi en trois livres et maintenant publié pour ouvrir les moyens légitimes et nécessaires de purger les dettes du roy, descharger les subjets des subsides imposés depuis trente-un ans et recouvrer tous les deniers pris à Sa Majesté.* Une première édition, beaucoup moins complète que celle-ci, qui forme trois tomes in-8°, avait déjà paru, avec le millésime de 1581, sous ce titre différent : *Le Secret des thresors de la France, descouvert et departy en deux livres.* L'imprimeur, dans un avis qui est au revers du frontispice, dit que cet ouvrage était attendu avec une si vive impatience, qu'on s'arrachait les feuilles encore humides au sortir de la presse. Cette circonstance indique suffisamment que l'impression avait lieu dans une ville protestante, où elle ne se faisait pas en cachette. Le *Secret des finances*, en effet, paraît avoir été imprimé, comme le *Cabinet du roy de France*, à la Rochelle, et il est très-probable que ce dernier ouvrage anonyme, publié après le premier qui est dédié également à Henri III et daté de Paris, le 1er janvier 1581, a pour auteur ce même Nicolas Froumenteau dont le nom ne se retrouve sur aucun autre livre.

Il resterait à rechercher si *Froumenteau* n'est pas un pseudonyme, sous lequel s'est caché un des plus terribles champions de ce temps-là, soit Agrippa d'Aubigné, soit du Plessis-Mornay, soit Lancelot-Voesin de la Popelinière, soit enfin le fougueux ministre réformé, Guillaume Reboul, qui a fait plusieurs livres aussi violents et non moins excentriques. Mais nous n'avons pas à nous occuper ici du *Secret des finances*, quoiqu'il pût fournir beaucoup de faits curieux pour l'histoire de la Prostitution, comme, par exemple, le « nombre des filles et femmes violées » pendant les guerres civiles. Le *Cabinet du roy de France* est assez rempli de choses et de renseignements, pour que nous n'en cherchions pas ailleurs sur le même sujet et sur la même époque.

Voici d'abord l'analyse sommaire du livre. Les trois perles précieuses, que l'auteur se propose d'examiner, sont la Parole de Dieu, la Noblesse et le Tiers-état, qu'il nous montre renfermées dans un *étui* ou un écrin qui n'est autre que le royaume de France. Il fait d'abord le dénombrement des biens et des revenus du clergé; il veut que le roi s'en empare et les réunisse à son domaine, afin de pouvoir, à l'aide de ces ressources nouvelles, entretenir des armées, secourir les pauvres, faire prospérer l'agriculture et mettre fin aux désordres qui déshonorent l'Église catholique. Il signale ensuite les vices et les déportements de la noblesse; il indique les réformes qui peuvent la rétablir dans son ancienne splendeur.

Enfin il parle du tiers état, avec une prédilection toute
particulière ; suivant le plan de finances qu'il a rêvé,
le tiers état se rendra fermier des terres ecclésiastiques
et nobiliaires, puis se chargera de payer les dettes
de la république, de remplir les coffres du roi et de
fournir des dots convenables pour marier tous les
prêtres et tous les moines. D'après ce simple exposé
des idées principales de l'auteur, qui était évidemment un huguenot intraitable, on se demandera
peut-être quel rapport peut avoir un pareil ouvrage
avec l'histoire de la Prostitution? Mais il suffit d'ouvrir ce *Cabinet du roy de France*, pour juger ce qu'il
contient de documents intéressants à ce sujet, quoiqu'il ne faille pasprendre à la lettre toutes les accusations que l'auteur y a entassées contre les mœurs
du clergé et de la noblesse de son temps. Il paraîtrait,
toutefois, que cet auteur avait réuni, sous le titre de
Traité de la Polygamie sacrée, une immense quantité
de notes et de matériaux statistiques pour établir
par des chiffres le véritable état de la démoralisation
de l'Église catholique; ce traité ne remplissait pas
moins de trois mille rôles, et il aurait formé plus de
trois volumes in-folio, s'il eût été livré à l'impression; mais on peut présumer qu'il n'a jamais été imprimé, bien que plusieurs bibliographes, notamment le Duchat dans ses remarques sur la *Confession
de Sancy*, l'aient cité comme un ouvrage qui avait
vu le jour. C'est de cet ouvrage, que l'auteur du
Cabinet du roy de France a tiré ce qu'il dit de la

polygamie et de la Prostitution sous le règne de Henri III.

Malgré l'exagération des calculs, malgré la brutalité des réflexions qui les accompagnent, si monstrueuse que soit la donnée de son livre, on est forcé de reconnaître que le statistiqueur huguenot n'a pas seulement fait œuvre d'imagination et qu'il a pris le soin de recueillir des indications précises. Il affecte un air de bonne foi et de conviction, dans la manière dont il dresse ses inventaires et dont il déduit ses systèmes; il est pénétré d'une sainte horreur pour la polygamie ou la Prostitution, à ce compte qu'il voudrait voir non-seulement tous les moines mariés, mais encore tous les maris et toutes les femmes fidèles! C'est ce beau zèle pour le mariage, qui l'inspire sans cesse et qui le rend implacable contre les célibataires, les adultères et les polygames. « Je soutien, dit-il dans sa dédicace au roi, que plus de quatre fois sept cens mil femmes polygamient et concubinent avec ces magiciens et enchanteurs qui ont tenu si longtemps cachées ces Perles dans vostre Cabinet. » Les magiciens et les enchanteurs sont les mauvais prêtres, les faux nobles et les débauchés de toute espèce. L'auteur ne déclare pas autrement, qu'il est huguenot et que, sous prétexte de remettre en ordre les finances de France, il veut remplacer l'*Église papale* par la Réformation de Calvin, qu'il nomme la *vraie parole de Dieu*. Mais les détails qu'il prétend avoir puisés aux meilleures

sources sur l'état moral du clergé, n'en sont pas moins
précieux, même en faisant la part de ce qu'ils ont
de calomnieux et d'exagéré. On sait, par le témoi-
gnage même des écrivains catholiques, que le clergé,
à cette époque de désordre général, ne menait pas
une vie plus édifiante que les laïques.

L'auteur du *Cabinet du roy de France*, après avoir
posé en fait que le revenu total du clergé s'élève à
deux cents millions d'écus, qui, au taux actuel de
l'argent, représenteraient près de deux milliards, essaye de démontrer que cet énorme revenu est dévoré
par la Prostitution ; car, selon lui, il y a près de
cinq millions de personnes « qui, sous le voile de
l'Église gallicane, vivent aux despens du crucifix. »
Il croit pouvoir constater l'exactitude de ses calculs,
en choisissant comme critérium un des archevêchés
de France, celui de Lyon, et en faisant l'énumération de tout ce qui compose, dans cet archevêché,
le personnel de la Polygamie sacrée. Sans entrer dans
tous les détails de cette effrayante statistique, avant
d'en présenter le tableau à l'instar de ceux que Parent-
Duchatelet a laborieusement dressés dans son ouvrage
De la Prostitution, nous pensons que quelques traits
suffiront pour caractériser le procédé de statistique,
imaginé par l'auteur.

« Il se treuve, dit-il (page 19), par les diocèses
d'icelle Archevesché (de Lyon), plus de 45 femmes
mariées à d'honorables hommes de toutes qualitez,
abusées et qui paillardent épiscopalement avec iceux

prelats. Nonobstant tels adultères, iceux prelats ont tenu et tiennent de belles garces et filles, qui leur ont produit de beaux enfans, aucuns desquels engendrent et font tous les jours d'autres enfans ; mais icy nous ne cherchons que les bastards yssus de ceste Primauté et évesques, durant l'année de cest Estat, qui sont en nombre vingt-sept. Bien se treuve-t-il, en la liste, quarante-deux filles desbauchées. » L'auteur annonce que les *épaves épiscopales* ne sont pas mentionnées dans cette liste ; il entend par là « les filles, desquelles on a accoustumé de rafraischir messieurs les prelats, lorsqu'ils font leurs chevauchées, c'est-à-dire la visitation de leurs diocèces. » Quant aux serviteurs et domestiques des prélats, ils n'ont garde de ne pas suivre l'exemple de leurs maîtres : « Dans la liste qui nous a esté sur ce présentée, dit l'auteur avec le calme d'un mathématicien, sont particularisées 65 femmes mariées à de notables bourgeois, paillardans avec les dessusdits. Nonobstant lesquelles paillardises, sodomies et adultères, ont empli les ventres de 160 filles, quatre-vingts desquelles ont eu chascune un bastard durant l'année du present Estat. » Or, ces domestiques étaient au nombre de cinquante! Viennent ensuite les secrétaires et chapelains, comprenant 242 personnes, parmi lesquels l'auteur comprenait les argentiers, les joueurs d'instruments, les sommeliers, les veneurs, etc., mais non les pages et laquais : « De ce nombre dessusdit, la liste represente

53 sodomites, sans y comprendre les pages et laquais, qui sont comme contraints d'acquiescer à ces monstres. 300 femmes mariées, et toutes denommées en la liste, se treuvent avoir paillardé avec ces domestiques, qui, outre icelles, entretiennent 500 gurces, trois cens desquelles ont fait chascune un bastard durant l'an du present Estat. Selon qu'il est escrit au Traité de la Polygamie, on n'a peu descouvrir que 48 maquerelles ; les autres sont si secrettes, qu'on ne les peut cognoistre ni moins avoir leurs noms et surnoms. » Ce passage nous apprend que le recensement des agents de la polygamie avait été fait par noms et surnoms de personnes.

Les suffragants, vicaires officiaux et autres, formaient un personnel de 245 personnes : la liste de la *Polygamie sacrée* leur donne 58 bourgeoises mariées et issues d'honorables familles, 49 sodomites, 14 bardaches, 39 vieilles chambrières valétudinaires, 17 maquerelles et 20 filles chambrières et autres, « cent vingt et une desquelles ont eu bastards en l'an de ce present Estat. » Les chanoines, au nombre de 478, ne sont pas, à en croire le faiseur de statistique, plus réservés dans leur conduite. Il s'excuse de n'avoir pu découvrir que 600 femmes mariées « paillardantes canonialement ; » mais il signale, d'après la terrible liste, un chanoine « qui, en un an, a debauché et eu à faire à neuf femmes bourgeoises, à sçavoir deux femmes d'avocats, un procureur, trois drapières, une femme d'un

changeur, une courtière et une mercière. » Il met
en ligne de compte, dans le chapitre des chanoines,
68 sodomites, 38 bardaches, 846 garces et chambrières, *tenues à pot et à feu*, dont « la pluspart ont
fait perdre le fruict qu'elles portoient, » et 62 maquerelles désignées par leurs noms et surnoms.
« Outre les chanoines dessusdits, ajoute l'inflexible
calculateur, vous en avez 96, la tierce partie desquels sont tous verolez et gouteux, les autres sont
sexagenaires, qui ont des chambrières, toutes les
dents desquelles crouslent en la bouche, tant à
cause de la verole que de vieillesse, et ne font plus
d'enfans. » Les chanoines ayant à leur service 900
valets, ces valets, qui sont *frais, gras et replets*, entretiennent 1,400 filles et paillardent avec 150 femmes mariées. Les chapelains, au nombre de 300,
« multiplient grandement en bastards, » et la liste
de la Polygamie leur attribue à chacun deux ou trois
paillardes mariées ou non ; les *sociétaires* sont plus
débauchés encore : on en cite un « qui a paillardé,
en un an, avec vingt-huict femmes. » Leurs valets
l'emportent sur eux en continence, car, bien qu'ils
soient au nombre de 215, leur polygamie ne comprend que 168 filles, qui avaient produit 148 bâtards dans l'année du recensement. Les clercs ou
coriaux (il y en avait alors 347 dans l'archevêché
de Lyon), tous jeunes et gaillards, recherchent
moins les filles que les femmes mariées : 200 de ces
dernières ont été enregistrées comme participant aux

débauches de ces *garçonnets* ; mais on présume qu'on ne les connaît pas toutes.

Arrêtons-nous dans cette prodigieuse nomenclature ; laissons de côté tout ce que l'implacable ennemi de la Prostitution avance sur les déportements des moines et des *nonnins*. Il suffit d'avoir, par des citations textuelles, spécifié le genre de statistique qui avait été si audacieusement relevé dans la *Polygamie sacrée*. Nous allons maintenant présenter, dans un Tableau synoptique que l'auteur a pris soin de tracer lui-même, l'état numérique et complet des désordres inouïs, qui existaient en 1584 dans l'archevéché de Lyon, choisi entre tous les autres comme un spécimen scandaleux de la dépravation du clergé.

État détaillé de la Polygamie sacrée, dans l'archevéché ou primauté de Lyon, en 1581, d'après les recherches et les calculs de l'auteur du CABINET DU ROY DE FRANCE.

1 Nombre des archevesques, évesques, abbez et prieurs..	480	épiscopales.................	468
		canoniales.................	760
		des chappelains............	160
2 Leurs gentils hommes et serviteurs..	1,782	des sociétaires.............	600
		des curez, etc.............	17,000
		des vicaires, etc..........	24,700
3 Officiers abbaciaux.	957	monacales.................	12,100
4 Leurs valets et serviteurs...........	4,250	maltoises (de l'ordre de Malte)................	12,120
		francisquines..............	400
5 Chanoines........	478	jacopines..................	200
		carminées (des Carmes)....	200
6 Leurs valets et serviteurs	900	augustiniennes.............	130
		chartreuses................	40
7 Curez ou pasteurs..	13,200	jesuistes	5

FEMMES ADULTÈRES,

8 Leurs valets......	6,700	
9 Vicaires d'iceux cu-rez...............	43,200	
40 Leurs valets.......	4,200	
44 Societaires.........	849	
42 Leurs valets......	225	
43 Compagnons d'ordre et officiers claus-traux...........	800	
44 Leurs valets.......	420	
45 Moynes...........	4,200	
46 Leurs valets et con-vers...........	800	
47 Chartreux........	450	
48 Leurs valets.......	469	
49 Cordeliers........	700	
20 Jacopins.........	600	
24 Leurs valets......	466	
22 Carmes..........	452	
23 Leurs valets......	480	
24 Leurs convers et va-lets............	460	
25 Jambonistes ou An-thoniens........	345	
26 Minimes, Celestins, etc.............	500	
27 Jesuistes et leurs ser-viteurs..........	62	
28 Chevaliers, comman-deurs (de Malte)..	692	
29 Leurs serviteurs....	4,800	
30 Nonnains et religieu-ses.............	2,345	
34 Leurs valets et peres gardiens.........	600	
32 Novices et enfans de cueur, tant épisco-paux que abbaciaux	2,800	
33 Clercs ou coriaux es-talons..........	347	

GARCES (OU FILLES NON MASIÉES).

épiscopales...............	900
canoniales...............	3,300
des chappelains..........	800
des societaires...........	600
pastorales ou des curez....	20,000
de leurs vicaires........	30,000
monacales ou abbaciales...	22,000
des bastards des bastards..	5,000
Ierosolomytes, c'est-à-dire Maltoises	3,000
franciaquines ou cordelien-nes...............	400
jacopines...............	1,278
carmlinées..............	410
augustiniennes...........	378
chartresses.............	166
anthoniennes............	800
celestines, minimes, etc...	600
jesuistes...............	7
des peres gardiens.......	600
des clercs ou coriaux......	187

MAQUERELLES OU MAQUEREAUX.

épiscopales.............	484
canoniales.............	62
des chappelains.........	45
des societaires.........	411
des curez..............	2,000
de leurs vicaires........	3,000
monachales et abbaciales..	2,400
maltoises.............	200
franciaquines..........	76
jacopines.............	180
des Carmes............	130
des Augustins..........	96
chartreuses...........	40
jesuistes.............	3
celestines, etc.........	24
des peres gardiens......	38
des clercs ou coriaux....	59
des nonains...........	300

SODOMITES.

épiscopaux............	124
chanoines............	68
chappelains...........	40
societaires prestres......	112
curez................	200
vicaires..............	néant.
abbez et prieurs, etc......	411
moynes..............	1,100
franciaquins..........	160
jacopins.............	108
augustins............	60
chartreux............	50
minimes et celestins......	9
jesuistes.............	49

NOTA. Nous croyons inutile de faire figurer dans ce tableau le dénombrement des *Bastards*, des *Bastards des bastards*, des *Chevaux*, de la *Venerie* et de la *Fauconnerie*.

L'auteur de ces étranges calculs, empruntés au *Traité de la Polygamie sacrée* (liv. V, ch. 9 et 10), ne nous révèle pas de quelle manière s'est fait le recensement mystérieux, qu'il assure avoir existé, non-seulement pour toute l'Église gallicane, mais encore pour toute la chrétienté; il va pourtant à la rencontre de l'objection qui s'offrira d'abord à l'esprit de ses lecteurs : « Qui est-ce, lui diront-ils, qui peut avoir compté et descouvert qu'en une telle primauté ou archevesché y ait tant et tant d'ecclesiastiques, tant de putains, tant de maquerelles et tant et tant d'autres personnes qualifiées au sommaire de l'Estat et denombrement ci-dessus designé? » La réponse n'est pas très-concluante, si elle est spécieuse. L'auteur dit qu'il n'a pas été plus difficile de dresser l'état de la Polygamie sacrée, que de faire le catalogue des étoiles et l'*inventaire de la monarchie diabolique*, laquelle comprend 72 princes et 7,405,926 diables, sans compter les petits. Nous avouerons que cette statistique-là était moins aisée à faire que l'autre, « veu, comme le dit l'auteur de celle-ci, que nous fréquentons, beuvons, mangeons ordinairement avec les complices de la Polygamie sacrée. » Après avoir défendu de la sorte l'authenticité de son enquête et de son inventaire, le contrôleur général de la Polygamie sacrée fait un *recueil*, par diocèses, des « prelats et bénéficiers, leurs domestiques et autres personnes masles ou femelles qui vivent aux despens du crucifix. » Ce recueil, au-

quel nous sommes loin d'accorder une entière
créance, mérite cependant d'être conservé, à défaut
de renseignements plus sérieux et moins entachés
de partialité calviniste. Nous avons dressé ainsi un
Tableau, à la manière de Parent-Duchâtelet, pour
établir le bilan de la Prostitution dans chaque dio-
cèse, avec la recette et la dépense des polygames
de l'Église gallicane. (*Voir ce Tableau à la page suivante.*)

L'auteur du *Cabinet du roy de France* renvoie toujours ses lecteurs au *Traité de la Polygamie sacrée*,
dont il tire les éléments de ses monstrueux calculs; mais il ne dit pas que ce traité ait été imprimé : on ne saurait donc apprécier les circonstances qui l'ont empêché de paraître ou qui en
ont détruit tous les exemplaires. Ce qui nous dé-
montre l'existence dudit traité, c'est que l'auteur,
qui le cite sans cesse en indiquant les livres et les
chapitres auxquels il fait des emprunts, n'a pas
de renseignements précis sur la polygamie des gentilshommes, et ne peut, à cet égard, présenter une statistique analogue à celle qu'il trouvait toute préparée
dans le dénombrement général de la polygamie sacrée. Il s'attache, de préférence, avec une sorte de
malin plaisir, à la première partie de son sujet, et il
ne se lasse pas d'y revenir dans tout le cours de
l'ouvrage, qui semble n'avoir d'autre but que de faire
passer les biens du clergé dans le domaine du roi, en
mariant, bon gré, mal gré, tous les ecclésiastiques et

État général de la Polygamie sacrée, par diocèses, en 1581, avec la recette et la dépense,
*d'après les recherches et les calculs de l'auteur du CABINET DU R*** DE FRANCE.*

PRIMAUTÉS.	Ecclésiastiques, y compris tous leurs officiers et serviteurs.	Femmes adultères sacerdotales.	Filles de mauvaise vie.	Bizards et bâtards des bizards.	Maquereaux et maquerelles.	Sodomites.	Recette (écus).	Dépense (écus).
Lyon. . . .	65,230	67,888	88,078	59,438	8,839	2,083	4,657,781	3,820,872
Rheims . . .	66,740	88,500	63,700	9,700	9,700	2,600	4,988,788	3,807,081
Sens. . . .	66,712	68,852	96,200	60,500	11,000	1,800	4,287,998	4,100,029
Rouen . . .	62,600	73,744	70,026	70,000	15,700	2,200	8,348,648	4,237,337
Beauvais . .	58,300	58,500	76,400	64,000	12,200	1,500	4,686,474	3,973,232
Tours . . .	67,300	68,500	77,900	69,700	42,300	1,900	4,980,642	4,350,411
Bourges . .	62,400	75,200	114,500	67,300	44,700	2,090	5,776,141	4,993,321
Bordeaux . .	63,700	80,200	100,500	74,000	45,600	1,200	4,948,676	4,127,123
Thoulouse . .	58,600	79,800	103,009	70,000	18,400	1,600	5,468,877	4,667,339
Narbonne . .	58,900	74,200	94,600	63,500	15,600	4,600	4,887,622	4,112,610
Aix ou Arles.	56,300	67,200	95,400	58,900	44,800	4,500	4,732,600	4,411,200
Vienne . . .	55,000	62,200	58,900	57,400	42,000	4,600	3,875,666	3,244,143
Autres diocèses, non distingués, au nombre de 69, y compris ceux qui sont és pays bas de Flandres. .	287,000	300,000	370,000	400,000	400,000	18,000	41,500,000	35,600,000

TOTAL.

Nombre universel des personnes vivans aux despens du crucifix en l'Église gallicane.   5,155,102 personnes.
Somme toute de la recette. . . . .   100,530,119 écus.
—   de la dépense . . . .   84,596,089 »

tous les religieux, *tant masles que femelles*. La manière dont il établit la preuve du nombre des agents de Prostitution, qu'il a mis en ligne de compte dans ses registres, n'a rien de sérieux ni d'authentique, il est vrai, et l'on reconnaît, dans ce procédé d'insinuation et d'induction, la mauvaise foi des huguenots *enragés*, comme on les qualifiait alors; mais cependant ces calomnies mêmes, toutes pleines qu'elles soient de haine venimeuse, ne semblent pas tout à fait à dédaigner, car elles nous peignent certainement la vie débauchée que menaient certains membres indignes du clergé catholique, à cette époque.

Voici, par exemple, comment l'auteur se justifie d'avoir attribué à chaque cardinal français un sérail composé de six maîtresses, sans compter les femmes adultères : « Mais par qui prouver, dit-il, ce nombre de six? Par les cardinaux eux-mesmes; ils ne sont pas si honteux, qu'ils n'en puissent confesser davantage. Le plus ancien de leur collége en a abusé, pour une année, plus de trente. Il y a cardinal qui ne fait que venir, par manière de dire, et qui est des plus jeunes, lequel ne fait autre chose que servir d'estalon à rechange. Les trois premiers mois qu'il prit le chapeau rouge, qui sont les jours de sa plus grande continence, encores cardinaliza-t-il deux femmes mariées et trois jeunes damoiselles. Comment prouver cela? Par luy mesme. » Brantôme, en effet, qui se piquait d'être très-bon catholique, ne parle pas en autres termes, du *grand* cardinal de Lorraine,

qui *dressait de sa main* les nouvelles venues à la cour.
Puis, l'historiographe des *Dames galantes* n'imagine
rien de mieux, pour l'excuser de son incontinence,
que de dire « qu'il estoit un homme de chair, comme
un autre, » et que « le roy le vouloit ainsy et y prenoit plaisir. » L'auteur du *Cabinet du roy* est donc
d'accord avec Brantôme, quand il en arrive à cette
conclusion rabelaisienne qui rappelle le style de la
Confession de Sancy : « Autant doncques qu'il y a de
cardinaux en cour, ce sont autant d'estalons pour
les dames; autant de cornes qu'il y a en leurs bon-
nets, autant de cornards font-ils la semaine. Que
voudriez-vous qu'ils fissent? De prescher, ils ne scau-
roient; la pluspart d'entre eux ne scavent ce que c'est
de presches; de disputer en théologie? les dames
n'y sont pas trop bien nourries, ni les cardinaux
aussi. Si faut-il bien, quand ils sont ensemble,
qu'ils parlent de quelque chose : ce n'est pas des affaires d'Estat ni encores moins des finances.... De
quoy parlent-ils donc? de rire et de danser. Pourquoy faire? pour paillarder. Comment le prouverez-
vous? en ce que le plus souvent le ventre de madamoiselle enfle et le ventre de la bourse cardinale
desenfle; les marchans mesmes, qui leur vendent les
draps d'or et d'argent et de soye, scavent aussi bien
pour qui sont telles estraines, comme ceux qui les
font acheter. »

Il n'y a pas lieu de s'étonner, après ce honteux
portrait des mœurs cardinales, que l'annaliste de la

Polygamie sacrée ne se fasse aucun scrupule de peindre avec les mêmes couleurs les serviteurs domestiques des cardinaux : « Les prélats et cardinaux, dit-il en s'autorisant du proverbe : *Tels maistres, tels valets*, sont lascifs, aussi bien sont les valets; les prélats sont paillards, les valets sont de mesmes : ils ne sont pas cardinaux, mais cardinalement ils servent. Au plus grand et plus profond bourdeau de France, les vilains et sales propos ne s'y tiennent, comme on fait en la maison d'un cardinal. J'appelle, sur ce, à tesmoins tous ceux qui les fréquentent. Là-dedans, de jour et de nuict, vous ne voyez autre chose qu'amener de la chair fraische : ainsi appellent-ils les povres filles et femmes qu'ils desbauchent, et après qu'ils en ont fait, ils s'en moquent à bouche ouverte, sinon qu'ils soient prévenus de vérole ou bouche chancreuse. » Dans le *Traité de la Polygamie sacrée*, il était fait mention « de la manifeste paillardise que les domestiques des cardinaux exercent à l'endroit des courtisanes (quelques damoiselles qui suivaient la cour), jusques aux muletiers qui, après en avoir pris leurs déduits, ont fait que les cardinaux ont eu leurs restes. » C'était surtout dans les voyages des cardinaux ou prélats, visitant leurs archevêchés ou leurs abbayes, que ces domestiques donnaient carrière à leur libertinage effréné; car ils logeaient, comme leurs maîtres, chez les habitants notables, dans chaque ville où ils s'arrêtaient pour y passer la nuit ou pour y séjourner, « et bien peu partent-ils de leur logis, raconte l'implacable réformateur, qu'ils n'ayent fait un coup au deshonneur de leur hoste ou hostesse, et s'ils n'en peuvent venir à bout, susciteront un plus grand qu'eux, afin de leur servir de planche et exécuter ce qu'ils prétendent. Si la fille de la maison est riche, on la mariera à quelque maquereau ou à monsieur le secrétaire. Est-elle mariée, la voilà perdue, car elle voit une telle et si grande corruption en telles canailles, il est impossible qu'elle ne glisse en telle polygamie. »

On peut croire, en effet, que les nombreux domestiques qu'un prélat traînait à sa suite n'étaient pas des modèles de continence et de moralité, quand on apprécie les tristes résultats du mauvais exemple et des mauvais conseils dans une réunion d'hommes libertins et fainéants. La maison d'un cardinal se composait de plus de cent personnes ; celle d'un évêque n'en comprenait pas moins de 50 à 60, vivant de la *marmite* épiscopale. Ainsi, tout évêque, qui menait le train de son rang, avait à son service un ou deux chapelains, un maître d'hôtel, un écuyer, un médecin, trois protonotaires, trois ou quatre gentilshommes, quatre ou cinq pages, un ou deux secrétaires, un ou deux valets de chambre, un argentier, un cuisinier, un sommelier, deux ou trois chantres, deux ou trois joueurs d'instruments, un tailleur, un apothicaire, un vivandier, huit serviteurs « tant des prothonotaires que des maistres d'hostel, escuiers et gentilshommes, » un fauconnier, un veneur, trois ou quatre laquais, un « hacque-butier (arquebusier) pour tirer au gibier et qui a la conduite d'un chien couchant, » un palefrenier avec deux garçons d'écurie, un muletier avec un serviteur, et un charretier. Dans cette curieuse énumération, que l'auteur avait vérifiée, « sur plus de cinquante-six évesques, » il ne compte pas encore le cocher ni les garçons ou laquais du secrétaire, de l'argentier, du sommelier et autres. Tous ces hommes, jeunes la plupart, voués ordinairement au célibat, avaient les mœurs les plus dépravées, quelle que fût d'ail-leurs la sainteté du prélat, à la maison duquel ils étaient attachés. On conçoit qu'ils aient pu, dans bien des circonstances, faire rejaillir sur leur respec-table patron la honte de leurs déréglements, et, dans ce chapitre-là du moins, l'auteur du *Cabinet du roy de France* n'a peut-être pas trop enflé les chiffres de la Prostitution qui rayonnait autour de la maison des prélats : « Monsieur l'évesque est homme, dit-il huguenotiquement, monsieur son valet n'est pas cheval. On ne veut pas qu'ils se marient. Il faut bien qu'ils en prennent sur le commun. »

Une aventure scandaleuse, racontée avec beau-coup de verve par l'auteur, qui la présente comme un tableau de l'intérieur des maisons épiscopales et qui déclare en avoir connu personnellement la princi-pale héroïne, nous donnera une idée de ce qu'étaient quelquefois les mœurs d'un prince de l'Église à cette époque de dissolution et de licence générales. « Pour une après souppée, dit le narrateur (p. 79), s'est trouvé femme d'honneur, qui, pour plaisir, accompagnée de vingt-trois femmes, neuf filles et huict servantes, allèrent présenter un mommon (c'est-à-dire, se masquèrent pour jouer une partie de dés) à monsieur l'évesque, en son logis, qui les attendoit sans doute, sans toutesfois que ceste femme honorable en sceust autre chose (car, autrement, tiens-je bien tant d'elle, qu'elle n'y fust point allée) : l'évesque perdit trois escus. Pour récompense de sa perte, fit sonner les violons; dansèrent de telle sorte, qu'il n'y eust femme, filles ny servantes, qui ne jouast des orgues. Ceste exécution se fit par l'évesque, deux prothonotaires, le secrétaire, sept ou huict chanoines atitrez pour jouer la partie; quant aux valets, chascun estoit assorty de mesmes. Bref, depuis les dix heures jusques à minuit, le bal continua, et des confitures à la collation, tant que c'estoit merveilles. Ceste femme honorable se trouva surprise, sans y penser, car une vilaine maquerelle l'ayant fait entrer dans le cabinet de Monsieur, faignant que d'autres femmes y estoyent, trouva là un prothonotaire qui la saisit et fit d'elle, comme est à présumer, ce que bon luy sembla, parce que la bonne femme, sortant de là, chanta mil injures à ceste maquerelle, jurant qu'elle l'en feroit repentir, et à l'instant mesme, les larmes à l'œil, sortoit de ceste vénérable compagnie, qui fut maquignonnée de mesmes. L'évesque, pour

saouler ses plaisirs, fit venir jusques à ses palefre-
niers; et, gaussant avec eux, confessoyent libérale-
ment les bransles qu'ils avoient dansés en ceste danse
macabrée, et monsieur l'évesque de rire. » On croi-
rait lire un chapitre du *Moyen de parvenir* de Beroalde
de Verville. L'auteur ajoute que le mari de cette
femme, qui se plaignait d'avoir été victime d'un
lâche guet-apens, avait juré de se venger de l'é-
vêque et s'était fait huguenot. Il est possible, néanmoins, que l'évêque ne fût nullement complice d'un
acte de violence commis par un de ses serviteurs,
et qu'il n'ait point eu d'autre reproche à se faire que
d'aimer un peu trop la danse et les bons contes; mais
il n'en était pas moins responsable de la conduite
désordonnée des gens de sa maison.

Le *Traité de la Polygamie sacrée* accusait des mêmes
débordements les serviteurs des chanoines, des officiaux, doyens, chantres et autres dignitaires ecclésiastiques, ceux des abbés et des prieurs, ceux des
moines de tous les ordres religieux ou militaires. Ces
valets « sont si bien traictez, dit l'auteur du *Cabinet
du roy de France,* qu'au visage, du premier coup,
on peut juger à leur troigne s'ils sont serviteurs de
chanoines ou de moynes, tant ils sont gras et en bon
poinct, et comme tels n'ont pas beaucoup de peine à
conquérir des garces, car celles de leurs maistres en
amènent le plus souvent d'autres, et quand elles
n'en ameneroyent, ils savent bien où les prendre.
Le mestier de ces garces est tellement usité dedans

et à l'environ de leurs cloistres, que, passant par là,
vous sentez la venaison à pleine gorge, c'est-à-dire
qu'il y a bien de quoy mestier mené en matière de
paillardise. » Il est certain que cette multitude de
domestiques mâles, bien nourris et souvent désœu-
vrés, n'était que trop favorable aux progrès de la
Prostitution libre et secrète, surtout depuis que la
Prostitution légale avait été supprimée par l'ordonnance de Charles IX. « Il n'y a fille de povres artisans, manouvriers, gaigne-deniers et autres, sur
lesquelles ces vilains ne facent bresche, et le plus
souvent, pour une bricque de pain blanc, defloreront
une povre fille : si elle est belle, c'est pour monsieur
le chanoine; si elle est moyennement belle, et le
maistre n'en veuille, le valet sçait bien comment il
faut se substituer en sa place... Et, de faict, qui jet-
tera la veue sur telle vermine, il n'y a père ny mère
qui ne doive trembler du péril et extresme danger
où sont leurs povres filles et servantes, car autant
de tels et semblables valets que vous voyez, ce sont
autant de taureaux bannaux parmi des génisses et
vaches au milieu d'une prairie. » Les valets des abbés avaient, dans leur déportement, certains privi-
léges que leur enviaient les valets des chanoines :
« Il y a mesme de ces canailles, dit l'abréviateur du
Traité de la Polygamie sacrée, qui, après avoir abusé
des femmes, qui aucunement estoient honorables, sous
le crédit, faveur et authorité de leur abbé et maistre, ont espousé leurs filles, contre le gré et consen-

tement de leurs pères.» Quant aux valets de moines, qui, selon la statistique, étaient au nombre de cent mille et faisaient alors « un terrible charivariz en faict de paillardise, » ils sont réprésentés comme des infâmes qui « entrent aux plus honnorables maisons, pour y desbaucher les filles et servantes, et pour toute récompense, nous astraindre à nourrir leurs bastards. » L'écrivain protestant achève ce hideux portrait, par un dernier coup de pinceau : « Ceux qui sont si chastes, dit-il, que de n'avoir qu'une ou deux paillardes, asseurez-vous que dans leurs cabuets et hauts-de-chausses vous y sentez la fumée de sodomie à pleine gorge. » Enfin, il constate que, dans les villages voisins de l'abbaye de Cluny, on avait compté 7 à 800 femmes débauchées, servant exclusivement à l'ordinaire des moines et de leurs valets : « Ne faut que lire au *Traité de la Polygamie sacrée*, s'écrie-t-il après avoir signalé ce *compte fait*, et on y verra des subtilitez monastiques et debendades de moynes les plus voluptueuses qu'il est possible de penser. »

A tant de turpitudes, à tant d'excès patents ou cachés, le zélé huguenot oppose un seul remède qu'il juge infaillible, le mariage. Il voudrait que tous les ecclésiastiques et leurs serviteurs célibataires répondissent aux questions suivantes : « 1° S'ils sont puceaux. 2° Si jamais ils ont eu cognoissance à femmes ny à filles; combien ils en ont entretenu et entretiennent. » Dans le cas où les réponses seraient négatives sur ce dernier point, on en viendrait à d'autres questions plus pressantes, et on leur demanderait : « 4° S'ils ont jamais eu copulation avec les dæmons; 2° s'il se sont jamais jouez de la sodomie; 3° s'ils sçavent pas bien que continence est un don singulier de Dieu, lequel il ne donne point à tous, mais à certaines personnes et quelquefois pour un temps seulement, et que ceux auxquels il n'est pas donné, doivent recourir précisément au mariage, qui est le remède ordonné du Seigneur pour la nécessité humaine. » En conséquence, le mariage des gens d'église serait requis et ordonné par la loi religieuse, d'autant plus que les cinq articles, proposés et adoptés au Colloque de Poissy, comme une sauvegarde nécessaire à la moralité publique, n'avaient jamais pu recevoir d'exécution de la part du clergé. Ces cinq articles renfermaient toutes les garanties morales qu'on avait pu inventer contre la luxure et ses effets désastreux. Premièrement, les ecclésiastiques, qui n'auraient pas le don divin de la continence, étaient tenus de jeûner au pain et à l'eau, pendant neuf jours, « à toutes les fois qu'ils se sentiront piquez ou esguillonnez des desirs de la chair; » secondement, ils ne pouvaient « parler ny communiquer à femmes ny filles, sinon en présence de leurs maris ou parens, » sous peine d'être dégradés et révoqués; troisièmement, ils ne devaient boire du vin, que deux fois par semaine, « pour avoir meilleur moyen de se contenir; » quatrièmement, s'ils étaient invités à quelque festin de noces, ils se contente-

raient de danser un simple bransle, avec les plus
beaux, saincts et gracieux gestes, desquels ils se
pourront adviser; » cinquièmement, la confession
auriculaire n'aurait lieu que dans une chapelle,
pour cinq ou six personnes à la fois, « à ce que le
confesseur ne se puisse remuer que bien à poinct. »

L'auteur du *Cabinet du roy de France*, en démas-
quant et en poursuivant de la sorte les scandales
de la Polygamie sacrée, s'imagine avoir prouvé que
la première perle précieuse qu'il faut retirer de cette
fange, c'est « la parole de Dieu ou vraye religion,
par le moyen de laquelle le roy peut repurger ce
royaume, de ceste vilaine et détestable Polygamie. »
La seconde perle, la Noblesse, paraît moins *embour-*
bée que l'autre; cependant le rigide réformateur,
après avoir posé en principe que « la vraye noblesse
est ennemie entiérement de ceste detestable Polygamie, » gourmande et incrimine les gentilshommes,
« qui font si grand cas de la noblesse du sang, qu'ils
font bien peu d'estat de la noblesse de vertu, de sorte
qu'il semble à aucuns que nuls vices ne sauroyent
deshonnorer ny polluer la noblesse, qu'ils tiennent de
leurs pères et ancestres. » Il regarde donc les faux nobles comme les plus dangereux soutiens de la Polygamie, et l'énumération qu'il fait de ces faux nobles
nous apprend le caractère et le *calibre* de chacun :
ce sont des « gentilshommes de la mort-Dieu et autres semblables blasphesmes, » des « gentilshommes
faits à la haste, » des « gentilshommes enfilleurs de

soye, » des « gentilshommes de la foy saincte marmite, » des gentilshommes *loups blancs*, *loups ga-
roux*, *lapins*, *maraux*, etc. La Prostitution sans
doute ne jouait pas un médiocre rôle dans toute cette
gentilhommerie; mais l'auteur manque de matériaux
et de chiffres exacts; il est obligé de s'en tenir à de
vagues généralités, et il se contente ainsi, dans son
enquête de la noblesse française, de mentionner les
qualités distinctives, bonnes ou mauvaises, qui appartiennent aux nobles de telle ou telle province.
Ceux de la Touraine sont surtout jureurs et blasphé-
mateurs, athéistes ou *épicuriens*; ceux de la Guyenne,
pillards et faux monnayeurs; ceux de la Gascogne,
cruels et sanguinaires, etc. « Le vice qui preside le
plus en Berry entre les gentilshommes, c'est la paillardise. Combien que les nobles des autres provinces
n'en sont pas exempts, non pas toutesfois si fort
entachez comme ceux de Berry, n'en pouvant sur
ce dire la raison, puisqu'ils se conforment entiere-
ment au train de ceux qui exercent la polygamie;
qu'ils sçachent que s'ils abondent en d'autres sales
et vilains vices, que cestuy-cy n'est pas des plus
petits, et suis contraint m'y arrester, pour leur dire
que, comme ils empruntent sur les femmes de leurs
parens ou voisins, que sur les leurs on fera tout de
mesmes. » Ce correcteur de la noblesse rentre alors
dans son sujet favori, en accusant le clergé berri-
chon de tous les désordres que les gentilshommes
du pays se permettent à l'instar de la Polygamie

sacrée. Il dénonce l'immoralité qui préside aux relations des dames nobles avec les ecclésiastiques; il flétrit l'insouciance du mari à l'égard de la conduite de sa
femme : « C'est une dissolution trop manifeste, s'écrie-
t-il avec la sainte indignation d'un prédicateur, se
lever auprès de son mary, aller trouver à minuict un
monsieur l'abbé, prieur ou autre, habillez de telles
couleurs, et toute la nuit avec des femmes, à l'insceu
de leurs maris, baller, dansor, se veautrer parmy
eux, avec les impudiques leçons de faire, si estran-
ges et monstrueuses, que les inveterées putains des
bourdeaux rougiroyent de honte d'en faire le semblable; c'est une dissolution, voire maquerellage, que
de presenter à boire à ces garnemens et à leurs paillardes, puis prendre la coupe et boire à eux. Si
le mestier continue plus gueres, comme il fait en
Berry, voilà une province confite en toute meschanceté et ordure. »

On espère, après cet exorde, que notre anonyme,
qui a été si prodigue de chiffres au sujet de la Polygamie sacrée, en viendra enfin à une statistique du
même genre à propos de la noblesse du Berry, qu'il
paraît mieux connaître que celle des autres provinces. Mais il ne procède pas ici par des calculs, qui
nous feraient savoir quel était le nombre des femmes
et des filles de gentilshommes adonnées à la débauche. Il préfère nous édifier, sur cette délicate
question, par le récit d'une aventure, qui prouve-
rait quelque chose, si elle avait dû se renouveler sou-

vent. Neuf mauvais gentilshommes et trois autres
jeunes gens, de fort bonne race, se trouvèrent à une
foire auprès du Blanc, et après avoir dansé quelques
branles, ils menèrent leurs propres parentes chez un
abbé de *marque*, qui les avait invités à venir prendre la collation dans sa maison. L'abbé, qui les attendait, avait *préparé* quatorze ou quinze femmes,
« desquelles autrefois il s'estoit servy. » La compagnie était joyeuse et de bonne humeur ; on se mit à
table et l'on mangea toutes sortes d'*épices* et de confitures. Puis, un page toucha du luth et l'on dansa
pendant deux heures consécutives ; après la danse,
promenade dans le jardin et le verger : « Chascun
tenant sa nymphe par dessous les bras, se fourrèrent
si avant dedans le bois, qu'il estoit plus de deux
heures de nuict, quand ils commencèrent d'en sortir. »
L'abbé et trois de ses protonotaires étaient de la
partie, et tous « aussi contents qu'il estoit possible. »
On avait ainsi gagné l'heure du souper ; on soupa
copieusement, et les promenades de recommencer,
non plus dans les bois, mais « par les licts et cou-
chettes. » Le lendemain, le bruit courut qu'une des
plus honorables dames du Berry n'avait pu sauver
sa vertu des griffes d'une harpie, et après avoir mé-
rité longtemps le titre de femme de bien, elle « passa
pour une femme du pays. » C'était un de ses cou-
sins germains, qui l'avait fait tomber dans le piège
où elle laissa son honneur, et comme on reprochait
à ce honteux *maquignon* des plaisirs de l'abbé d'a-

voir prostitué sa parente et de s'être montré par là
l'ennemi du mari qui pourrait lui demander compte
de cette trahison : « Mon cousin est trop sage, dit-il
en souriant, pour ignorer que si les pourceaux ne le
faisoyent, luy ny moy ne mangerions point de lard. »
L'historien de la Polygamie ajoute, comme pour
confirmer son récit, que les gentilshommes berri-
chons sont « si vilains, qu'ils se prestent leurs femmes les uns aux autres ! »

L'auteur revient encore, à plusieurs reprises, sur
les coupables déréglements qu'il impute aux ecclésiastiques ; mais il n'essaye pas d'apprécier d'une manière plus précise les ravages de la Prostitution dans
la noblesse et le tiers état ; il manque évidemment de
notes circonstanciées à cet égard. Ses intentions
sont, au reste, excellentes, malgré le dévergondage
de ses attaques contre la Polygamie sacrée : « Il faut,
dit-il, que le bien, en ce royaume, soit plus fort et
plus puissant que le mal ; il faut que la modestie
preside sur l'incivilité, la noblesse à vilainie, et
chasteté à toute impureté. » Il adjure les bons citoyens de joindre leurs efforts aux siens, pour corriger les mœurs et relever la monarchie française. Il
aborde alors les calculs financiers, et il passe en
revue, avec un prodigieux détail, les différents
produits dont se compose le revenu de l'Église gallicane ; il en conclut que ce revenu, qui s'élève à
110 millions, est suffisant non-seulement pour entretenir le clergé, qui ne dépensera pas plus de 70

millions, une fois qu'il sera soumis au régime matrimonial, mais encore pour subvenir aux besoins de
l'épargne du roi. Tout le secret de cette grande réforme consiste dans le mariage des polygames et
dans la réunion du temporel ecclésiastique aux do-
maines de la couronne. On est tenté de prendre en
considération un plan d'économie politique, fondé
sur des chiffres et des combinaisons qui paraissent
trop minutieux pour n'être pas réels; car l'auteur
de ce singulier projet présente, comme spécimen
de son travail, un état complet de tous les revenus de l'archevêché de Lyon, et il se vante de n'a-
voir oublié, dans ce tableau statistique, ni un
chapon, ni un setier d'avoine, ni une charrette
(*charre*) de paille. Cette merveilleuse aptitude de
calculateur, laquelle était chose rare et nouvelle en
ce temps-là, nous permet d'avoir quelque confiance
dans le recensement spécial qui avait été fait par
l'auteur ou les auteurs de la *Polygamie sacrée*. Nous
ne croyons pourtant pas que le remède, proposé par
ce terrible adversaire du célibat, eût obtenu les bien-
faisants et prompts effets qu'il en attendait pour l'a-
mélioration des mœurs. Les mariages de tous les
ecclésiastiques, dotés des deniers du roi, auraient
sans doute diminué le nombre de ces mercenaires
qui vivaient, autour d'eux, de la Prostitution; mais
la Prostitution elle-même, que les ordonnances de la
royauté ne parvenaient pas à détruire, en lui enle-
vant sa forme légale et régulière, eût continué de

se reproduire, ainsi qu'une moisissure, à l'ombre
des couvents et des colléges. Cependant, l'auteur du
Cabinet du roy de France était si pénétré, si convaincu de l'efficacité souveraine de sa panacée conjugale, qu'il suppliait le digne et vertueux cardinal
de Bourbon, âgé de cinquante-huit ans à cette époque, de donner un exemple salutaire au clergé et à
la noblesse, en se mariant le premier et en faisant
une confession solennelle de ses infractions à la « vir-
ginité et continence requise du cœlibat. » Ce beau
mariage, suivant les prévisions du dénicheur de
Perles, devait inévitablement engendrer trois ou
quatre cent mille mariages « purs et légitimes » dans
un court délai : « Vous previendrez, par ce moyen,
dit le malicieux huguenot au pauvre cardinal,
qu'il soupçonne fort d'avoir rompu plus de sept fois
son vœu de chasteté, vous previendrez chascun an
trente ou quarante mil incestes en l'Église gallicane;
fy, au reste, de la sodomie! car, de vingt-cinq ou
trente mil personnes qui ont accoustumé d'y barda-
cher se deporteront de leur sodomie, afin de se marier; suppression totale nous obtiendrons, quant et
quant, de toutes les putains cardinales, épiscopales,
abbaciales, canoniales, monachales, presbyterales,
et de toutes les autres qualitez et ordres..., suppression semblable, semblablement, de tous les ru-
fisques, paillards, maquereaux, maquerelles et
bastards, la despense et entretenement desquels est
plus que suffisante pour acquitter toutes les charges.

tant ordinaires qu'extraordinaires, de la couronne de France. Voilà le profit qu'apportera vostre mariage; mais voici encores un plus grand bien qui s'ensuivra : c'est que serez cause que toutes ces dames voilées et recluses dans ces monasteres et couvens se marieront et donneront le coup de pied à l'incube, à toute copulation et dæmonomanie, que l'Ennemy de nature pratique à l'endroit de ce povre sexe. » Le cardinal ne se maria pas, malgré le conseil qu'on lui donnait, et la polygamie alla son train.

Certes, nous n'accordons pas à ce bizarre et curieux ouvrage plus de créance qu'il n'en mérite; nous convenons, avec le marquis de Paulmy (*Mélanges tirés d'une grande bibliothèque*), que l'auteur y montre « un acharnement grossier et révoltant contre le clergé; » mais nous sommes forcé de reconnaître que le clergé du seizième siècle était loin de se recommander par les vertus qui devraient toujours être son apanage. Dulaure, dans son *Histoire de Paris* (p. 516 et suiv. du t. IV de l'édit. in-12), a rassemblé d'incontestables témoignages sur la corruption et la perversité du corps ecclésiastique, et ces témoignages s'accordent presque littéralement avec les assertions du factum de la *Polygamie sacrée*. Jean de Montluc, évêque de Valence, disait, le 23 août 1560, dans un discours prononcé au Conseil du roi : « Les cardinaux et les évesques n'ont fait difficulté de bailler les benefices à leurs maistres d'hostel et, qui plus est, à leurs valets de chambre, cuisiniers, barbiers et lequais. Les mesmes prestres, par leur avarice, ignorance et vie dissolue, se sont rendus odieux et contemptibles à tout le monde. » (*Mém. de Condé*, t. I, p. 560.) Dans une assemblée des notables, tenue à l'hôtel de ville de Paris, au mois de décembre 1575, on rédigea de très-humbles remontrances au roi, dans lesquelles on remarque ce passage : « Les évesques et curez ne resident sur leurs benefices et éveschez, ains delaissent et abandonnent leur povre troupeau à la gueule du loup, sans aucune pasture ou instruction... et sont les ecclesiastiques si extresmement desbordez en luxure, avarice et autres vices, que le scandale en est public. » La même année, un écrivain catholique, C. Marchand, adressait aussi des *Remonstrances au Peuple françois, sur les diversitez des vices qui regnent en ce temps* : « Y a-t-il gens plus desbordez en vices, pour cejourdhuy, s'écriait-il avec amertume, que les prelats d'église? » Il reproche ensuite aux curés et aux moines de fréquenter « les cabarets, les tripots, les bordeaux; » il se plaint des honteux excès qui souillaient la maison du Seigneur. De semblables plaintes sont consignées dans une foule de monuments historiques, qui ne sortent pas de l'officine des protestants, et qui n'ont jamais suscité de contradicteurs. Brantôme, par exemple, a fait, dans la *Vie de François I*, un triste tableau de l'intérieur des couvents et des abbayes avant le Concordat; il nous repré-

sente les moines élisant pour abbé « celuy qui estoit
le meilleur compagnon, qui aimoit plus les garces,
les chiens et les oyseaux, qui estoit le meilleur
biberon ; bref, qui estoit le plus desbauché, afin
que, l'ayant fait leur abbé ou prieur, par après il
leur permist toutes pareilles desbauches, dissolutions et plaisirs. » Ce proverbe avait cours dans le
peuple, qui ne s'en scandalisait pas : « Avare ou
paillard comme un prebstre ou un moyne. » Enfin,
Brantôme ose parler des évêques et des abbés, en
ces termes : « Dieu scait quelle vie ils menoient !
Certainement, ils estoient bien plus assidus en leurs
diocèses qu'ils n'ont esté depuis, car ils n'en bou-
geoient. Mais quoy ! c'estoit pour mener une vie
toute dissolue, après chiens, oyseaux, festes, banquets, confrairies, nopces et putains, dont ils en
faisoient des serails, ainsi que j'ay ouy parler d'un,
de ces vieux temps, qui faisoit rechercher de belles
petites filles de l'aage de dix ans, qui promettoient
quelque chose de leur beauté à l'advenir, et les donnoient à nourrir et eslever, qui çà qui là, parmy
leurs paroisses et villages, comme les gentilshommes,
de petits chiens, pour s'en servir, lorsqu'elles se-
roient grandes. »

Ces dépravations, ces vices, ces abus n'étaient
certainement que des exceptions affligeantes dans
l'Église catholique ; Brantôme lui-même se plaît à le
constater : « Nos évesques d'aujourdhuy, dit-il, sont
plus discrets, au moins plus sages, hipocrites qui

cachent mieux leurs vies noires, me dict un jour un grand personnage. Et ce que j'en dis, des uns et des autres, tant du vieux temps que du moderne, et de leurs abus, ce n'est pas de tous, à Dieu ne plaise! car, de l'un et de l'autre temps, il y a eu force gens de bien, tant reguliers que seculiers, et de très bonne et saincte vie, comme encore il y en a force et il y aura, moyennant la grâce de Dieu, qui ayme et n'abandonne jamais son peuple. »

Cependant, dans l'intérêt de la vérité, et sans vouloir atténuer l'hommage rendu par Brantôme à la conduite irréprochable de certains prélats, nous rapprocherons, des faits et des calculs mis en avant par l'auteur du *Cabinet du roy de France*, un document juridique, dont Dulaure, qui l'avait sous les yeux, nous garantit *hardiment* l'authenticité : c'est une enquête, ordonnée par arrêt du parlement de Paris, à la requête des syndics et consuls de la ville d'Aurillac, et faite, en 1555, par les soins du lieutenant général du présidial de cette ville. Nous laissons la parole à Dulaure, qui analyse cette enquête, dans laquelle furent entendus plus de quatre-vingts témoins : « Charles de Senectaire, abbé du couvent d'Aurillac et seigneur de cette ville; ses neveux, Jean Belveser, dit *Jonchières*, protonotaire, et Antoine de Senectaire, abbé de Saint-Jean; sa nièce Marie de Senectaire, abbesse du Bois, couvent de la même ville, et les moines et religieuses de l'un et l'autre couvent, se livraient à tous les excès de la débauche. Chaque moine vivait, dans le couvent, avec une ou plusieurs concubines, filles qu'il avait débauchées ou enlevées de la maison paternelle, ou femmes qu'il avait ravies à leurs maris. Ces moines les nourrissaient et les logeaient avec eux, ainsi que les enfants qui en provenaient, enfants bâtards, dont le nombre se montait à soixante-dix, et qui enlevaient ordinairement les offrandes faites à l'église... L'abbé avait, dans le jardin de la maison abbatiale, un bâtiment, destiné à ses débauches, orné de peintures obscènes et portant le nom caractéristique de *f...oir de M. d'Aurillac;* des prêtres étaient les pourvoyeurs ordinaires de ce lieu infâme; les neveux de l'abbé remplissaient aussi ces honteuses fonctions. Ils mettaient non-seulement la ville, mais tous les villages circonvoisins, à contribution; ils arrachaient les jeunes filles, des bras de leurs mères, en plein jour, au vu et su des habitants; ils bravaient l'opinion publique, les pleurs et les cris de leurs victimes, qu'ils faisaient, à coups de pied, à coups de poing, marcher vers le couvent, où elles devaient servir à la lubricité de l'abbé, de ses neveux, et enfin des autres moines. » (*Hist. civ., phys. et morale de Paris*, édit. in-12, de 1825, t. IV, p. 522.) Ne croirait-on pas lire une page du *Traité de la Polygamie sacrée?* A la suite de cette enquête, le couvent fut sécularisé, et la ville d'Aurillac se trouva enfin délivrée de ses abominables tyrans.

Après avoir vu le résumé de l'enquête judiciaire,

que Dulaure a empreint malheureusement de sa partialité haineuse, on est forcé de répéter, avec l'auteur du *Cabinet du roy de France* (page 132) : « Ne faut pas doncques s'esbahir, si madamoiselle de la Polygamie piaffe, bondit, paillarde, bougeronne, corrompt, pollue et gaste, par ses incestes et paillardises, toutes les familles de ce royaume? » Il faut remarquer, néanmoins, que la licence des mœurs, dans le clergé, et surtout parmi l'innombrable armée de laïques fainéants qu'il traînait à sa suite, était la conséquence inévitable de la démoralisation publique, à cette époque, où si peu de personnes se faisaient une idée vraie de l'*honnêteté* au point de vue social. La religion réformée, par son exemple et par ses amères réprimandes, contribua beaucoup, il faut l'avouer, à épurer les mœurs du clergé catholique, qui devait bientôt offrir tant de chastes et glorieuses vertus.

CHAPITRE XXXVII.

Avant de rechercher quel fut l'état de la Prostitution à la cour de Henri III, nous ne pouvons, sous

peine de laisser une lacune notable dans cette histoire des mœurs, omettre à dessein un genre de dépravation qui a imprimé profondément sa souillure
au règne du dernier des Valois. C'est un abominable
sujet, que nous traiterons à part avec tout le dégoût
qu'il nous inspire et avec tous les ménagements que
la décence du langage nous permettra d'apporter
dans l'extrait presque textuel des ouvrages contemporains. Il est impossible de s'occuper de la honteuse époque de Henri III, sans parler de ses mignons
et des turpitudes qu'ils ont attachées à la mémoire de
leur maître. Tous les historiens les plus graves et les
plus sérieux, d'Aubigné, de Thou, Mézeray, etc.,
n'ont pas craint de salir les pages de leurs annales
historiques, en y consignant, pour l'enseignement
de la postérité, les abominations qui déshonorèrent
la vie privée d'un Roi Très-Chrétien ; il n'y a que le
père Daniel qui ait essayé de le justifier ou du moins
de le protéger, par des réticences complaisantes :
« Quoiqu'il ne faille pas ajouter foi, dit-il dans sa
grande *Histoire de France*, à tout ce que les huguenots et les ligueurs ont écrit de ses débauches secrètes, il est difficile de croire que tout ce qu'on en
disait fût généralement faux. » Nous n'entrepren-
drons pas de défendre Henri III et ses mignons contre
les accusations qui étaient alors dans toutes les bou-
ches et qui formèrent bientôt la formidable voix de
l'opinion publique ; mais nous reconnaissons, avec le
père Daniel, que les calomnies des huguenots et plus

tard celles des ligueurs brodèrent, pour ainsi dire, mille ordures extravagantes sur un canevas, malheureusement trop réel et trop scandaleux. L'horrible épisode des mignons de Henri III nous paraît avoir été singulièrement exagéré par l'esprit de parti religieux et politique.

On ne saurait nier que l'arrivée des *Italiens* en France, à la suite de Catherine de Médicis, n'ait eu certaine influence détestable sur les mœurs de la cour; mais, si de jeunes seigneurs débauchés se livraient quelquefois à l'imitation des *vilaines coutumes de Chouse* (comme on appelait l'italianisme français), ils se gardaient bien d'abord de se vanter de leurs désordres infâmes, trop contraires à la galanterie nationale; ils se défendaient même avec énergie d'un vice qui faisait horreur à tous les honnêtes gens. Mais on se relâcha peu à peu de cette vergogne toute française, et il y eut de la tolérance là où il n'y avait eu jusqu'alors qu'une implacable indignation. « Et quand il n'y auroit autre chose que la sodomie telle qu'on la voit pour le jourdhuy, s'écriait Henri Estienne dans son *Apologie pour Hérodote*, publiée en 1576, mais écrite auparavant, ne pourrions-nous pas à bon droict nommer nostre siècle le parangon de meschanceté, voire de meschanceté détestable et exécrable? » Le peuple, le cœur de la nation, était resté pourtant, il faut le dire, pur de cette *méchanceté*, et le déplorable exemple de la cour n'avait pas eu le pouvoir de corrompre la vieille candeur de la bourgeoisie. La sodomie, qui n'était qu'un péché ordinaire en Italie, où le pécheur pouvait se faire absoudre en payant 36 tournois et 9 ducats (voy. la *Taxe des parties casuelles de la boutique du pape*, trad. par A. du Pinet, édit. de Lyon, 1564, in-8°), devenait en France un crime capital qui conduisait son homme au bûcher. Il est vrai que les tribunaux appliquaient bien rarement la peine, portée dans la loi, lorsque ce crime, qu'on regardait comme un fait d'hérésie, ne se mêlait pas à des actes de magie, de sorcellerie ou d'athéisme. « Que je soye ladre, dit maître Janotus de Bragmardo dans sa harangue à Gargantua (liv. I, ch. 20), s'il ne vous fait pas brusler comme bougres, traistres, hérétiques et séducteurs, ennemis de Dieu et de vertus! » Les libertins, qu'on soupçonnait seulement de cette *macule* indélébile, étaient donc partout montrés au doigt, « fuis et abhorrés, » comme dit Rabelais. On ne pardonnait pas aux Italiens établis en France depuis le mariage du Dauphin Henri avec la fille de Laurent de Médicis, duc d'Urbin, une nouveauté de débauche, qu'ils avaient, disait-on, apportée avec eux. L'auteur du *Cabinet du roy de France*, dans son épître à Henri III, n'hésitait pas à dénoncer : l'athéisme, sodomie et toutes autres sinistres ou puantes académies, que l'estranger a introduites en France... Mais, quinze ans avant lui, Henri Estienne avait fait semblant de vouloir réhabiliter l'Italie et les Italiens, pour lancer cette cruelle épigramme contre le sorbonniste Nicolas Maillard : « Or ne veux-je pas dire

toutesfois que tous ceux qui se trouvent entachez de
ce péché l'ayent appris ou en Italie ou en Turquie,
car nostre maistre Maillard en faisoit profession et
toutesfois il n'y avoit jamais esté. »

Nous avons démontré, ailleurs, que les expéditions d'Italie avaient été fatales aux mœurs françaises; les relations continuelles qui existaient entre
les deux pays, depuis le règne de Charles VIII, ne
pouvaient manquer de répandre d'odieux éléments
de corruption parmi la noblesse et parmi l'armée.
Henri Estienne signale ainsi le hideux enseignement
que l'Italie avait offert à la France : « Pour retourner
à ce péché infâme, dit-il dans son *Apologie pour Hérodote* (p. 107 de l'édit. originale de 1566), n'est-ce
point grand' pitié qu'aucuns, qui, auparavant que
mettre le pied en Ita'ie, abhorrissoyent les propos
mesmement qui se tenoyent de cela, après y avoir
demeuré, ne prennent plaisir aux paroles seulement
et en font profession entre eux comme d'une chose
qu'ils ont apprise en une bonne eschole? » Mais,
quoique le vice italien eût fait de tristes progrès à
la cour de France, tous les hommes d'honneur
avaient un profond mépris pour ces indignes déserteurs de l'*amour français*, qui était seul « approuvé
et recommandé, » selon l'expression de Brantôme.
Nous trouvons, dans les écrits de Brantôme, la preuve
du sentiment de répulsion, qui s'attachait à ces
sales et ignobles égarements, lors même que la
Prostitution ne connaissait plus de bornes : « Ainsy

6·

que j'ay ouy dire à un fort gallant homme de mon temps, dit-il dans ses *Dames galantes*, et qu'il est aussy vray, nul jamais bougre ny bardache ne fut brave, vaillant et généreux, que le grand Jules César; aussy, que, par la grande permission divine, telles gens abominables sont affligés et mis à sens reprouvé. En quoy je m'estonne que plusieurs, que l'on a veus tachés de ce meschant vice, ont esté continués du ciel en grand prospérité, mais Dieu les attend, et, à la fin, on en voit ce qui doibt estre d'eux. » Brantôme, qui avait la conscience si large et si peu timorée en affaire de galanterie, manifesta hautement son dégoût à l'égard des vices contre nature; c'est au moment même où la cour de Henri III affichait effrontément les mœurs italiennes, qu'il les condamne et les flétrit dans ses *Dames galantes*, qu'on peut considérer cependant comme le répertoire de la débauche du seizième siècle. Brantôme écrivait, il est vrai, ce traité de morale lubrique, sous l'inspiration de la reine de Navarre, Marguerite de Valois, qui s'était mise à la tête de la *bande des dames*. On appelait ainsi à la cour de Charles IX une sorte de coalition féminine qui s'efforçait de s'opposer aux honteux débordements de la jeunesse *italianisée*. « Je ne m'esbahy pas trop, dit Henri Estienne dans ses *Deux dialogues du langage françois italianizé*, si les dames, italianizans en leur langage, à l'exemple des hommes, ont voulu aussi italianizer en autres choses. »

Quand Henri III, qui était roi de Pologne, fut appelé à succéder à son frère Charles IX, les Italiens avaient déjà pris un grand pied à la cour de France; mais leurs vilaines mœurs ne s'y propageaient qu'en cachette, et personne n'osait encore s'avouer de leur bande. Ainsi, le poëte du roi, Étienne Jodelle, qui passait pour le héraut de l'amour antiphysique, s'était déshonoré, même aux yeux de ses amis de la Pléiade, en prostituant sa muse à composer, par ordre de Charles IX, dit-on, le *Triomphe de Sodome*. « Il fut employé par le feu roy Charles, raconte Pierre de l'Estoile, qui a consigné dans ses Registres-journaux la fin *très-misérable et espouvantable* de ce poëte parisien, comme le poëte le plus vilain et lascif de tous, à escrire l'arrière hilne (hymne), que le feu roy appeloit la Sodomie de son prevost de Nantouillet. » (Voy. le *Journal de Henri III*, édition de MM. Champollion, p. 29, sous l'année 1573.) Lorsque Henri III avait quitté la France, pour se rendre en Pologne, où l'attendait une couronne, on peut assurer qu'il n'était pas entaché du vice honteux qui le dégradait à son retour dans le royaume de ses pères. Il avait toujours été, dès sa plus tendre jeunesse, enclin à la luxure, ardent au plaisir, sensuel et libertin; mais, quoique entouré de courtisans pervers et voluptueux, il ne s'abandonnait pas encore aux coupables erreurs de la débauche italienne. Nous serions en peine de dire si ce goût infâme lui vint en Pologne ou à Venise, où il passa quelques jours, en revenant prendre possession du trône de France. « Depuis la mort de la princesse de Condé, dit Mézeray dans son *Abrégé chronologique de l'histoire de France* (t. V, p. 254), Henri III avoit eu peu d'attachement pour les femmes, et son aventure de Venise lui avoit donné un autre penchant. » Cette aventure de Venise n'était autre qu'une maladie vénérienne, que le roi voyageur avait prise en passant, et dont il eut beaucoup de peine à se délivrer. La princesse de Condé, Marie de Clèves, que Henri III aimait éperdument, en effet, mourut à Paris, le samedi 30 octobre, six semaines après avoir revu son royal amant, qui lui était revenu en assez piteux état, à la suite de l'aventure de Venise. Voici des dates, qui nous permettent de fixer, d'une manière à peu près certaine, l'époque où commença l'affreux désordre du roi.

A peine Henri III fut-il au Louvre, que l'on vit se former autour de lui la cour des *mignons* et des *Italiens*. Ces derniers soulevèrent d'abord dans le peuple de Paris une sourde irritation, qui ne tarda point à se changer en haine implacable. Les écoliers de l'université se firent les interprètes de cette haine toute nationale, et poursuivirent la *bande* italienne, par des chansons, des *pasquils* et des placards injurieux. Il y eut des rixes et des meurtres, à l'occasion d'une querelle qui avait mis en cause les mauvaises mœurs de ces étrangers. Dans le mois de

juillet 1575, un brave capitaine, nommé La Vergerie, fut condamné à mort et pendu, pour avoir dit
publiquement que, dans cette querelle, « il falloit se
ranger du costé des escoliers, et saccager et couper
la gorge à tous ces bougres d'Italiens, qui estoient
cause de la ruine de la France. » Pierre de l'Estoile,
qui nous raconte la triste fin du capitaine, affirme
que le roi assistait à l'exécution, quoique n'ayant
point approuvé cet *inique* jugement; mais on peut
supposer que le *procès bien court* de ce malheureux
n'avait pas été expédié sans l'ordre exprès de
Henri III, puisque le chancelier René de Birague
s'en était chargé lui-même. Depuis la condamnation
et le supplice de La Vergerie, « on deschira, par
toutes sortes d'escrits et de libelles (ne pouvant faire
pis) les messires italiens et la royne (Catherine de
Médicis), leur bonne patronne et maistresse. » Pierre
de l'Estoile avait recueilli plusieurs de ses satires,
entre autres des stances et des sonnets contre les
Italiens, à qui l'on imputait tous les maux et tous
les désordres du royaume.

Mais, l'année suivante, il n'était déjà plus question des Italiens, comme si les Mignons les eussent
fait disparaître. Pierre de l'Estoile, ce fidèle écho de
tous les commérages de son temps, écrivait, à la
date de juillet 1576, dans ses *Registres-Journaux* :
« Le nom de *mignons* commença, en ce temps, à trot-
ter par la bouche du peuple, auquel ils estoient fort
odieux, tant pour leurs façons de faire, qui estoient

badines et hautaines, que pour leurs fards et accoustremens effeminés et impudiques, mais surtout
pour les dons immenses et libéralités que leur faisoit
le roy, que le peuple avoit opinion estre cause de
sa ruine, encores que la vérité fut que telles libéralités, ne pouvans subsister en leur espargne un seul
moment, estoient aussy tost transmises au peuple,
qu'est l'eau par un conduict. Ces beaux mignons
portoient leurs cheveux longuets, frisés et refrisés
par artifices, remontans par-dessus leurs petis bon-
nets de velours, comme font les putains, et leurs frai-
zes de chemises, de toile d'atour, crapezées et lon-
gues de demi-pied, de façon qu'à voir leur teste
dessus leur fraize, il sembloit que ce fust le chef saint
Jean dans un plat. Le reste de leurs habillemens
faits de mesme : leurs exercices estoient de jouer,
blasphemer, sauter, danser, volter, quereller et paillarder, et suivre le roy partout et en toutes compagnies; ne faire, ne dire rien, que pour luy plaire;
peu soucieux, en effet, de Dieu et de la vertu, se
contentans d'estre en la bonne grâce de leur maistre,
qu'ils craignoient et honoroient plus que Dieu. »
(Voy. le *Journal de Henri III*, édit. de MM. Champollion.)

Ce passage est très-important, en ce qu'il fixe
d'une manière positive la date de l'apparition des
mignons, ou du moins l'époque où ils commencèrent
à être signalés à la haine du peuple. Au reste, Pierre
de l'Estoile ne dit rien qui caractérise leurs mœurs

dénaturées, et le portrait qu'il fait d'eux pourrait s'appliquer à tous les courtisans. A la suite de ce portrait, il enregistre un poëme, composé de quinze strophes, « qui fut semé, en ce temps, à Paris, et divulgué partout sous ce titre : *Les vertus et propriétés des mignons*, 25 juillet 1576.» Les éditeurs du *Journal de Henri III* n'ont publié que six strophes de ce poëme, qui est imprimé en entier, avec le titre des *Indignitez de la cour*, dans le *Cabinet du roy de France* (page 207). Il existe quelques différences entre les deux textes, mais nous remarquerons que, dans l'un et l'autre, l'accusation de sodomie n'est formulée contre les mignons, que sous la forme d'un doute injurieux :

> Ces beaux mignons prodiguement
> Se veautrent parmy leurs delices,
> Et peut-estre dedans telz vices
> Qu'on ne peut dire honnestement.

L'auteur anonyme, qui était certainement un bon poëte, s'attaque surtout à la dissolution et au luxe de leurs habits, qu'il regarde comme des enseignes honteuses de leur conduite. Voici quelques strophes, dans lesquelles le costume de Henri III et de ses favoris est décrit avec beaucoup d'exactitude :

> Leur parler et leur vestement
> Se voit tel, qu'une honneste femme
> Auroit peur de recevoir blasme
> S'habillant si lascivement :

7.

Leur col ne se tourne à leur aise
Dans le long replis de leur fraise ;
Déjà le froment n'est pas bon
Pour l'empoix blanc de leur chemise :
Il faut, pour façon plus exquise,
Faire de riz leur amidon.

Leur poil est tondu par compas,
Mais non d'une façon pareille ;
Car, en avant, depuis l'oreille,
Il est long, et, derrière, bas :
Il se tient droit par artifice,
Car une gomme le hérisse
Ou retord ses plis refrisez,
Et, dessus leur teste legère,
Un petit bonnet par derrière
Les monstre encor plus desguisez.

Je n'ose dire que le fard
Leur soit plus commun qu'à la femme :
J'auroia peur de leur donner blasme
Qu'entre eux ils pratiquassent l'art
De l'impudique Ganimède.
Quant à leur habit, il excède
Leur bien et un plus grand encor ;
Car le mignon, qui tout consomme,
Ne se vest plus en gentilhomme,
Mais, comme un prince, de drap d'or.

Nous avons suivi de préférence le texte du *Cabinet du roy de France*, et il est bon de faire observer que, dans ce texte, le poëte se défend presque de laisser soupçonner que ces mignons *pratiquassent l'art de l'impudique Ganimède* ; au contraire, dans la version, évidemment altérée, que nous fournissent les Journaux de l'Estoile, le sens est bien différent, car l'auteur y dit très-positivement ce qu'il *n'ose dire :*

> Je n'ose dire que le fard
> Leur est plus commun qu'à la femme
> (J'aurois peur d'en recevoir blasme),
> Et qu'entre eux ils prattiquent l'art
> De l'impudique Ganimède.

C'est là une insinuation très-significative qui équivaut à une déclaration formelle. Dans un autre endroit de cette pièce de vers, on reproche à ces *efféminés* de troquer, d'échanger, de vendre, de dépenser les bénéfices et

> Les biens voués au crucifix,
> Que l'on leur baille en mariage,
> En guerdon de maquerellage
> Ou pour chose de plus vil prix.

Il nous paraît établi, par cette satire datée de 1576, que les mignons de Henri III, dans l'origine, n'étaient pas considérés comme d'impurs agents de la débauche italienne. On les accusait seulement de dévorer la substance du peuple, d'épuiser les coffres de l'État, de porter des habits déshonnêtes et de vivre dans une molle oisiveté. Un autre poëte se chargea de répondre aux *Indignités de la cour*, et il le fit dans un poëme ampoulé et fleuri, qu'il intitule *les Blasons de la cour* : sans avoir égard aux imputations indirectes concernant les mœurs des courtisans, il blâme seulement les *langues satiriques* et

les *esprits mordants*, d'avoir prétendu que la cour
de France était *un étable*,

Un retrait des abus, des dissolutions.

On pourrait donc induire, d'après les termes mêmes
de ce factum poétique, que le libertinage des mignons
ne fut pas d'abord flétri et marqué au fer rouge de
l'opinion publique. Il y eut sans doute beaucoup
à blâmer et à reprendre dans leur conduite, mais
la calomnie, en s'attachant à eux, inventa tout ce
qui devait les rendre odieux et les déshonorer. De
là, le rôle infâme qu'on attribuait aux mignons,
c'est-à-dire à tous les hommes, jeunes et voluptueux
la plupart, qui formaient la *bande du roi*. Ce qui n'é-
tait qu'une triste exception dans les désordres des
favoris de Henri III, fut regardé comme un vice général, et la cour de France devint ainsi, aux yeux
du peuple indigné, le réceptacle de la plus abominable Prostitution. Dulaure a raison de dire que
Henri III « se distingua de ses prédécesseurs, par ses
goûts efféminés, et surtout par ses débauches ultra-
montaines » (*Hist. de Paris*, t. IV, p. 493, édit. in-12);
mais il aurait dû constater que les huguenots et les
ligueurs n'étaient pas étrangers à ce redoutable déchaînement de la calomnie contre le roi et ses mignons : « L'infamie qu'avaient encourue les dames
et les filles de la cour, dit-il avec trop de partialité,
s'étendit, pendant ce dernier règne, sur les jeunes
courtisans, qui, plus méprisables qu'elles, se livraient

avec leur maître aux plus dégoûtants excès de la débauche. »

Les mignons étaient de jeunes seigneurs de bonne maison et de belle mine, que René de Villequier et François d'O, qui présidaient aux plaisirs du roi, avaient introduit dans l'intimité de ce prince. Les plus connus d'entre eux furent Jacques de Lévy de Caylus, François de Maugiron, Jean Darcet de Livarot, François d'Épinay de Saint-Luc, Paul Estuer de Caussade de Saint-Mesgrin, Anne de Joyeuse, Bernard et Jean-Louis de Nogaret, tous les deux fils de Jean de la Valette. Les autres étaient moins connus, parce qu'ils n'avaient pas autant de crédit auprès de Henri III : leurs noms ne sortirent jamais de la sphère de la cour. Cependant quelques-uns sont désignés dans un sonnet qui circula par tout Paris en 1577, et qui nous a été conservé dans les registres-journaux de Pierre de l'Estoile. Ce sonnet peut servir à prouver que les mignons n'étaient pas tous *gâtés* par les mêmes turpitudes.

Saint-Luc, petit qu'il est, commande bravement
A la troupe Haultefort, que sa bourse a conquise;
Mais Quelus, dédaignant si pauvre marchandise,
Ne trouve qu'en son c.. tout son advancement;

D'O, cest archi-larron, hardy, ne sçay comment,
Aime le jeu de main, craint aussi peu la prise;
L'Archant, d'un beau semblant, veut cacher sa sottise;
Sagonne est un peu bougre et noble nullement;

Montigny fait le bègue, et voudroit bien sembler
Estre honneste homme un peu, mais il n'y peult aller;

Riberac est un sot, Tournon une cigale;

Saint-Mesgrin, sans subject bravache audacieux :
Je parlerois plus haut, sans la crainte des dieux,
De ceux qui tiennent rang en la belle cabale.

Ce sonnet *vilain*, comme dit de l'Estoile, « monstrant la corruption du siècle et de la cour, » ne contient, ce nous semble, que les noms des mignons qui se prêtaient à la plus hideuse Prostitution; il faut entendre, par les *dieux* que le poète n'ose nommer, le roi et ses deux assesseurs d'O et Villequier, avec quelques autres, qui se partageaient en maîtres le domaine de la débauche italienne. Pierre de l'Estoile nous représente encore les mignons « fraisés et frisés, avecq les crestes levées, les ratepennades en leurs testes, un maintien fardé, avec l'ostentation de mesme, peignés, diaprés et pulvérisés de pouldres violettes, de senteurs odoriférantes, qui aromatizoient les rues, places et maisons, où ils fréquentoient. » Cet abus des parfums, ces modes efféminées, ces habits ridicules ou bizarres, ce sont là les seuls griefs que ce chroniqueur curieux et bavard allègue contre les mignons; mais, nulle part, il ne caractérise leurs mœurs, de manière à nous faire croire qu'il ajoutait foi aux bruits qu'on faisait circuler sur elles; il se contente de rassembler scrupuleusement des satires et des épigrammes, qui prouvaient surtout la haine et l'acharnement de l'esprit public à l'égard de Henri III et de ses favoris. Ceux-ci, d'ailleurs, périrent presque tous misérablement, les uns tués en duel, les autres assassinés en guet-apens, plusieurs victimes d'accidents divers; l'horreur qu'ils inspiraient au peuple se traduisait dans leur oraison funèbre, mais les injures et les malédictions, dont leur mémoire fut accablée, ne se rapportaient pas à des circonstances authentiques et notoires de leur vie libidineuse, qui avait été toujours couverte d'un voile impénétrable.

Ce voile, les écrivains protestants et ligueurs essayèrent de le soulever, longtemps après que les mignons eurent disparu, et la tradition de la cour, défigurée ou envenimée par la malveillance, se refléta dans plusieurs ouvrages satiriques, qui ne furent imprimés que sous le règne de Louis XIII, c'est-à-dire vingt-cinq ou trente ans après la mort de Henri III. Il n'avait paru, du vivant de ce prince, que quelques pièces en vers et en prose, qui circulèrent à Paris sous le manteau, et qui ne reçurent une publicité momentanée qu'à la suite des Barricades; mais, antérieurement, d'autres pièces, plus infâmes encore, avaient été répandues et *divulguées*, sans qu'aucun imprimeur eût osé les mettre au jour. Pierre de l'Estoile avait recueilli plusieurs de ces pièces dans les registres-journaux et les *ramas* de *curiosités*, qu'il a consacrés à l'histoire anecdotique et scandaleuse de son temps; tous les éditeurs du *Journal de Henri III* ont reculé devant la publication des poésies ordurières, qui sont les tristes monuments de l'horrible réputation des mignons. Dans la dernière édition, que nous devons aux soins intelligents de MM. Champollion, nous lisons seulement, à la date du 10 septembre 1580 : « Diverses poésies et escrits satyriques furent publiés contre le roy et ses mignons, en ces trois années 1577, 1578 et 1579 ; lesquels, pour estre la pluspart d'eux impies et vilains, tout outre, tant que le papier en rougist, n'estoyent dignes, avec leurs autheurs, que du feu, en autre siècle que cestuy-ci qui semble estre le dernier et l'esgout de tous les précédents. Et sont les titres : *la Catzrie des trésoriers et des mignons*, par M..... fol et liqueur ; le sonnet vilain à Saint-Luc ; un *Pasquil courtizan*, c'est à dire ordurier, vilain et lascif, qui couroit à la cour, en cest an 1579, et y estoit tout commun ; des vers vilains, qui furent escrits sur la porte de l'abbaye de Poissy, un jour que le roy y entroit. » Chaque fois qu'un des mignons du roi était enlevé par une mort tragique à l'affection inconsolable de son *bon maître*, quand Caylus, Maugiron, Schomberg et Riberac s'entretuèrent dans un duel, quand Saint-Mesgrin fut assassiné un soir à la porte du Louvre, il y avait dans tout Paris, et même à la cour, une explosion de libelles atroces contre les *mignons fraisés*, mais il serait injuste de regarder ces libelles comme l'expression loyale de la vérité historique : c'était l'œuvre perfide des vengeances de cour, plutôt encore que des passions politiques. On ne manquait pas de poètes parmi les clercs du Palais et de l'Université, pour *blasonner* aussi les mi-

gnons, dans des vers *courtisans*, « c'est-à-dire peu
honnestes, sales et vilains, à la mode de la cour,
mesmes en ce qu'ils touchent l'honneur du roy, »
suivant la définition de Pierre de l'Estoile.

Voici, par exemple, un sonnet satirique, qui
courut à Paris en 1578 et qui sortait de la *boutique*
de la Ligue :

> Gannnèdes (sic) effrontés, impudique canaille,
> Cerveaux ambitieux, d'ignorance comblés,
> C'est l'injure du temps et les gens mal zelés,
> Qui vous font prosperer sous un roi fait de paille.
>
> Ce n'est ni par assault ni par grande bataille,
> Qu'avez eu la faveur, mais pour estre alliés
> D'un corrompu esprit, l'un à l'autre enfilés,
> Guidés de vostre chef, qui les honneurs vous baille,
>
> Qui vos teints damoiseaux, vos perruques troussées,
> Aime, autant comme escus et lames et espées,
> Puisque les grands estats qui vous rendent infames
>
> Sont de vice loïers aux jeunes impudents,
> Gardez-les à tousjours, car les hommes vaillans
> N'en voulent après vous, qui estes moins que femmes!

Ce déchaînement inouï contre les mignons ne fi:
que s'accroître pendant tout le règne de Henri III, et
le peuple, toujours porté à croire ce qui est étrange
et monstrueux, n'eut garde d'accepter avec défiance
les calomnies, souvent ridicules, qu'on débitait au
sujet de la *bande sacrée*.

Ainsi, on avait prétendu très-sérieusement que

Jean-Louis Nogaret, duc d'Épernon, que Pierre de l'Estoile nomme l'archi-mignon du roi et qui devint, en effet, le principal favori de Henri III, après la mort des *grands mignons* Caylus et Maugiron, n'était autre qu'un démon, envoyé de l'enfer pour achever de corrompre et de damner le malheureux Henri de Valois. Cette légende diabolique fut racontée tout au long dans un pamphlet, intitulé : *Les choses horribles contenues en une Lettre envoiée à Henri de Valois par un enfant de Paris, le 28 janvier 1589, et imprimée sur la copie qui a esté trouvée en ceste ville de Paris, près de l'Orloge du Palais, par Jacques Grégoire, imprimeur.* M. DLXXXIX.

L'*Enfant de Paris*, que P. de l'Estoile appelle un *faquin et vaunéant de la Ligue*, raconte, dans cette Lettre remplie d'obscénités, que les sorciers et enchanteurs avaient donné au roi « en jouissance » un esprit familier, nommé Terragon, et que cet esprit, sous les traits d'un jeune garçon, lui avait été présenté au Louvre comme un gentilhomme de Gascogne. Le roi n'eut pas plutôt vu ce gentilhomme, qu'il l'appela son frère et qu'il le fit coucher dans sa chambre. Or le duc d'Épernon n'était autre chose que ce vilain Terragon.

L'*Enfant de Paris* entre, à l'égard de l'archimignon du roi, dans des détails merveilleux qui caractérisent sa diablerie impudique. Ces détails sont si horribles, que MM. Champollion n'ont pas osé les reproduire tous, en réimprimant par extraits la Lettre de l'*Enfant de Paris*, dans l'appendice de leur édition du *Journal de Henri III*, qui fait partie de la *Collection des Mémoires relatifs à l'histoire de France*, publiée par MM. Michaud et Poujoulat.

Il n'existe peut-être plus un seul exemplaire de l'édition originale de cette *badauderie insigne*, comme la qualifie P. de l'Estoile; mais cet amateur de *factums* en a inséré une copie de sa main dans son grand recueil in-folio, composé de placards imprimés et d'estampes gravées en bois, et intitulé : *Les belles figures et drôleries de la Ligue*. Ce précieux et singulier recueil est conservé aujourd'hui au département des livres imprimés de la Bibliothèque impériale.

On attribuait d'ordinaire aux sorciers les infamies dont Henri III était accusé par la voix publique; ces infamies semblaient donc au vulgaire crédule les conséquences naturelles des sorcelleries qu'on imputait à ce malheureux roi. Ainsi, personne à Paris ne doutait que les mignons, et surtout le duc d'Épernon, ne fussent liés à leur maître par un pacte diabolique, et tout le monde fut convaincu, quand on annonça en chaire que les preuves matérielles de leurs sortilèges abominables avaient été découvertes au Louvre et au *bois de Vincennes*, dans l'appartement du roi.

« C'étoient deux satyres d'argent doré, de la hauteur de 4 poulces, tenans chascun en la main gauche et s'appuyans dessus une forte massue, et de

la droite soustenans un vase de crystal pur et bien
luisant, eslevés sur une base ronde, goderonnée et
soustenue de quatre pieds d'estal. Dans ces vases,
y avoit des drogues inconnues, qu'ils avoient pour
oblation, et ce qui plus, en ce, est à detester, ils
estoient au devant d'une croix d'or, au milieu de
laquelle y avoit enchassé du bois de la vraye croix
de Nostre Seigneur Jésus-Christ. »

Cette description, que nous extrayons d'un libelle
qui parut alors sous ce titre : *Les Sorcelleries de
Henri de Valois et les oblations qu'il faisoit au
diable dans le Bois de Vincennes, avec la figure
des démons d'argent doré, aux quels il faisoit offrandes* (Paris, Didier Millot, 1589), annonce tout
simplement deux cassolettes à brûler de l'encens,
placées, dans un oratoire, de chaque côté d'un
crucifix !

L'auteur du pamphlet indique l'usage impur et
sacrilège qu'il assigne à ces prétendues idoles, en
disant : « On scait que les payens reveroient les
satyres pour dieux des bois et lieux escartés, à cause
qu'ils pensoient que d'eux leur venoit l'habileté à la
paillardise. »

Il est impossible de laver la mémoire de Henri III
des souillures qui la déshonorent, mais on peut affirmer que les turpitudes dont ce prince et ses mignons sont restés flétris devant le tribunal de l'histoire, ne furent pas aussi fréquentes, ni aussi éhontées,
ni aussi inouïes, qu'on le suppose, en s'en rapportant

aux accusations des ligueurs et des huguenots. Ainsi, nous pensons que, dans bien des circonstances, l'attachement du roi pour ses mignons était dégagé de toute impureté avilissante, et nous n'avons pas le courage de voir une passion honteuse dans les témoignages d'amitié et de regret que Henri III donna publiquement à Caylus et à Maugiron, en les pleurant, en les baisant *tous deux morts*, raconte l'Estoile, en faisant tondre leurs têtes pour emporter leurs blonds cheveux, et en ôtant à Caylus les pendants d'oreilles qu'il lui avait donnés et attachés de sa propre main. Rien n'est plus touchant aussi que cette mort de Caylus, répétant à son dernier soupir : « Ah ! mon roi ! mon roi ! » Rien n'est plus respectable que la douleur d'un roi à la perte d'un ami. Mais le peuple en jugeait autrement et voyait de mauvais œil les tombeaux fastueux érigés en l'honneur de ces jeunes efféminés qu'il abhorrait. Le peuple, aveuglé et irrité par les manœuvres des partis anarchiques, avait pris en aversion tout ce qu'il considérait comme la cause de ses maux et de ses misères ; il n'était que trop disposé à croire aux horreurs qu'il entendait dire sur les mœurs du roi et de son entourage ; il se laissait abuser par les apparences et il se sentait prévenu d'avance en mauvaise part contre les courtisans, qu'ils fissent des mascarades ou des processions. Les prédicateurs, par leurs déclamations furieuses, eurent alors la plus funeste influence sur l'opinion, et Henri III dut se repentir de ne leur avoir pas formé la bouche : après l'avoir avili et diffamé, ils le firent assassiner par Jacques Clément. « Le jour de quaresme prenant, lit-on dans le *Journal de Henri III*, sous la date du 20 février 1583, le roy avec ses mignons furent en masque par les rues de Paris, où ils firent mille insolences, et la nuit allèrent roder de maison en maison, voir les compagnies, jusques à six heures du matin du premier jour de quaresme, auquel jour la pluspart des prescheurs de Paris en leurs sermons le blasphémèrent ouvertement desdites veilles et insolences. »

Ce fut sans doute pour faire pénitence de ces folies de carnaval, que le roi, peu de jours après, institua la confrérie des Pénitents et fit des processions, à l'instar de celles des *Battus* de Rome, dans lesquelles les confrères, vêtus de sacs de toile blanche, marchaient sur deux files, en chantant des psaumes et en se fustigeant. Mais les mignons figuraient encore dans ces processions, et leur présence en gâta l'effet. « J'ay esté adverty de bon lieu, s'écria le moine Poncet, qui prêchait le carême à Notre-Dame, qu'hier au soir la broche tournait pour le soupper de ces bons pénitens, et qu'après avoir mangé le gras chappon, ils eurent pour leur collation de nuit le petit tendron qu'on leur tenoit tout prest! » Le prédicateur fut emprisonné par ordre du roi, et les processions n'en continuèrent que mieux aux flambeaux; le roi y assistait, toujours revêtu du costume de la confrérie et entouré de ses mignons : « Y en eust quelques uns, mesmes des mignons, à ce qu'on disoit, rapporte P. de l'Estoile, qui se fouettèrent en ceste procession, auxquels on voioit le pauvre dos tout rouge des coups qu'ils se donnoient. Sur quoy on fit courir plusieurs quatrains et pasquils, sornettes et vilainies semblables, qui furent faites et semées sur ceste fouetterie et pénitence nouvelle du roy et de ses mignons. » Henri III, selon les historiens, avait imaginé ces processions et ces pénitences publiques, pour expier les vilains péchés qu'il se reprochait tout bas et dans lesquels il retombait sans cesse; il obligeait les mignons, comme ses complices, à paraître dans ces cérémonies et à y jouer le rôle de pénitents; il allait avec eux visiter les églises et les couvents, faire des stations et des prières, écouter des sermons et gagner des indulgences. Ce n'était, disait-on dans le peuple, que des préparatifs et des encouragements pour mieux pécher ensuite. On assurait que le roi avait fait peindre, dans ses Heures, les portraits de ses mignons en habit de cordelier. (Voy. la *Confession de Sancy*, chap. VIII). On racontait qu'il faisait fouetter devant lui, dans son cabinet, les compagnons de ses dévotions et de ses débauches; on prétendait même que la confrérie des Pénitents n'avait été instituée que pour recruter de vils complaisants d'impudicité et pour propager, sous le manteau d'une association religieuse, les principes infâmes de la sodomie. Le *Journal de Henri III* nous apprend, en effet, qu'un des maîtres des cérémonies de la confrérie était le nommé Du Peirat, « chassé et fugitif de Lyon, pour crime d'athéisme et de sodomie. » On devine pourquoi le peuple appelait les Pénitents *confrères du cabinet et ministres de la bande sacrée.*

Sully, en donnant, dans ses *OEconomies royales*, une liste des mignons, dans laquelle on remarque, outre ceux que nous avons déjà nommés, Bellegarde, Souvré, du Bouchage et Thermes, ne fait aucune allusion à leurs mœurs et dit seulement que chacun d'eux avait été successivement le *favori* du roi. Le savant Le Duchat, dans ses notes sur la *Confession de Sancy*, nomme encore quatre autres mignons, d'après les *Mémoires de l'estat de la France sous Charles IX* et les lettres d'Estienne Pasquier : « Le Voyer, sieur de Lignerolles; Pibrac, Roissy et Vic de Ville, lesquels, ajoute le commentateur, ne passoient pas pour être également vicieux et corrompus. » Quoi qu'il en fût, tous les gentilshommes que le roi honorait d'une sympathie et d'une intimité particulières étaient aussitôt déshonorés du titre de *mignons* ou d'*hermaphrodites.* Ce dernier surnom, moins populaire et plus raffiné que l'autre, caractérisait l'espèce de Prostitution à laquelle ils devaient, disait-on, leur crédit et leur fortune. Agrippa d'Aubigné, le Juvénal de cette époque qu'il nous représente comme plus dépravée encore que celle de Néron et de Domitien, a consacré ses vers et sa prose à flétrir les mignons de Henri III. Oui, s'écrie-t-il dans ses *Tragiques* (liv. II, p. 83) :

Oui, les Hermaphrodites, monstres effeminez,
Corrompus bourdeliers, et qui eussiez mieux nez
Pour valets de putains que seigneurs sur les hommes,
Sont les monstres du siècle et du temps où nous sommes !

Les Tragiques donnez au public par le larcin de Prométhée ne furent imprimés qu'en 4646 (*Au désert*, in-4), sans nom d'auteur, mais ces admirables satires avaient été écrites dans la jeunesse d'Agrippa d'Aubigné, qui, pour être un trop zélé calviniste, n'en était pas moins un homme d'honneur et un grand historien. Un autre ouvrage, aussi satirique, mais moins passionné et moins cruel que celui du poëte des *Tragiques*, avait été composé aussi, vers le même temps, pour mettre au pilori les mœurs dissolues de la cour de Henri III : il ne vit le jour que longtemps après sa rédaction, mais bien avant le poëme de d'Aubigné. On peut donc le considérer comme un document contemporain, qui mérite plus de confiance que les libelles et les *pasquils* du temps, quoique ce ne soit qu'une ingénieuse et spirituelle allégorie.

Le livre dont nous voulons parler, et qui ne permet pas de réhabiliter les mignons, est intitulé seulement *les Hermaphrodites*, dans la première édition qui fut publiée à Paris, en un petit volume in-42, sans nom de lieu et sans date, vers l'année 4604. Le frontispice gravé offre le portrait de Henri III, debout, portant à la fois les habits et les attributs d'un homme et d'une femme, avec cette devise assez significa-

tive : *à tous accords*. On lit, au bas, ces six vers
énigmatiques :

> Je ne suis male ny femelle,
> Et si je sçay bien en corvelle
> Lequel des deux je dois choisir ;
> Mais qu'importe à qui je ressemble ?
> Il vaut mieux les avoir ensemble :
> On en reçoit double plaisir.

La publication de ce volume fit une grande sen-
sation, surtout à la cour, où plusieurs des anciens
mignons de Henri III, tels que Bellegarde, d'É-
pernon, etc., avaient conservé tout leur crédit, sans
le devoir désormais à des moyens si honteux ; le pamphlet fut dénoncé au roi, et l'on essaya d'obtenir
contre l'auteur une éclatante condamnation. Mais
Henri IV, après s'être fait lire *les Hermaphrodites*,
ne voulut pas qu'on en recherchât l'auteur, bien qu'il
trouvât l'ouvrage *trop libre et trop hardi*, « faisant
conscience, disoit-il, de chagriner un homme pour
avoir dit la vérité. » C'est Pierre de l'Estoile qui
nous répète cette belle parole de Henri IV, dans laquelle nous sommes forcés de voir la constatation des
faits historiques, qui se trouvent signalés par l'auteur des *Hermaphrodites*. Quel était cet auteur ? L'Estoile le nomme Artus Thomas ; on a cherché à établir
que c'était Thomas Artus, sieur d'Embry, littérateur
obscur et ampoulé. Sorel, dans sa *Bibliothèque fran-
coise*, rapporte qu'on attribuait ce livre, « où l'on
trouva de si bonnes choses, » au cardinal du Perron.

Il nous importe peu de savoir quelle est la plume élégante et acerbe qu'il faut reconnaître dans cette pièce, qui fut réimprimée avec ce titre plus explicatif : *l'Isle des hermaphrodites nouvellement descouvi '>, avec les mœurs, loix, coustumes et ordonnances des habits d'icelle.* Ce nouveau titre annonce que l'auteur s'était proposé de critiquer surtout la bizarrerie et l'indécence des modes de la cour; ces modes efféminées sont décrites, en effet, si prolixement dans l'ouvrage, que nous préférons citer un passage des *Tragiques*, dans lequel d'Aubigné a résumé en fort bons vers plusieurs pages des *Hermaphrodites.*

Henry fut mieux instruit à juger des atours
Des putains de sa cour, plus propres aux amours :
Avoir ras le menton, garder la face pasle,
Le geste efféminé, l'œil d'un Sardanapale,
Si bien qu'un jour des Rois, ce douteux animal,
Sans cervelle, sans front, parut tel en son bal :
De cordons emperlez sa chevelure pleine,
Sous un bonnet sans bord, fait à l'italienne,
Faisoit deux arcs voutez; son menton pinceté,
Son visage de rouge et de blanc empasté,
Son chef tout empoudré, nous monstrèrent l'idée,
En la place d'un roy, d'une putain fardée.
Pensez quel beau spectacle ! et comme il fit bon voir
Ce prince avec un buze, un corps de satin noir
Coupé à l'espagnole, où des dechiquetures
Sortoient des passemens et des blanches tirures,
Et afin que l'habit s'entresuivist de rang,
Il monstroit des manchons gauffrez de satin blanc,
D'autres manches encor qui s'estendoient fendues,
Et puis jusques aux pieds d'autres manches perdues.
Pour nouveau parement, il porta, tout ce jour,
Cet habit monstrueux, pareil à son amour;

> Si qu'au premier abord chascun estoit en peine
> S'il voyoit un roy-femme ou bien un homme-reine!

L'auteur des *Hermaphrodites* n'épargne pas les détails sur le costume honteux de ses personnages, sur leurs raffinements de mollesse et de coquetterie; mais il est très-sobre de renseignements et même d'allusions au sujet de leurs mœurs, ce qui donne à penser qu'il existe des lacunes dans l'impression. Il est aisé de supposer quels devaient être les actes secrets des officiers de l'*Hermaphrodite*, dans cette chambre qu'on appelait l'*autel d'Antinoüs*, parce que la tapisserie représentait les amours d'Adrian et d'Antinoüs, ou dans cette galerie où étaient peintes à fresque « les lascives occupations de Sardanapale et les méditations de l'Arétin, rapportées aux métamorphoses des dieux, et autres telles infinies représentations fort vivement et naturellement représentées. » On peut imaginer aussi tout ce que l'auteur a omis de dire ou tout ce qui a été retranché par son imprimeur, quand on remarque, dans la galerie dédiée aux législateurs de la débauche, « plusieurs chaires brisées, qui s'allongeoient, s'élargissoient, se baissoient et se haussoient par ressort, ainsi qu'on le vouloit : c'estoit une invention hermaphrodique, nouvellement trouvée en ce pays-là. » Le jugement de Henri IV, qui trouvait cet ouvrage *trop libre et trop hardi*, tout en reconnaissant qu'il était vrai, n'a pas besoin d'être justifié par des citations. Celle-ci cependant, tirée des ordonnances relatives à la police chez les Hermaphrodites, ne laisse pas de doute sur l'objet principal que l'auteur voulait atteindre dans cette mordante satire des mignons : « Et d'autant que tous les lits sont autant d'autels où nous voulons qu'il se fasse un sacrifice perpétuel à la déesse Salambona, nous désirons qu'ils soient aussi plus riches que le reste, houssés et caparaçonnés pour la commodité des plus secrets amis : sçachant aussi que les actions vulgaires se font sous un ciel qu'on appelle lunaire, et les mystères de Venus estant eslevez de deux degrez au-dessus, nous entendons que chascun ait double ciel en son lit, et que celuy qui sera au dedans ne soit moins riche que celuy du dehors; voulons que l'histoire en soit prise des Métamorphoses d'Ovide, déguisemens des dieux et autres choses pareilles, pour encourager les plus refroidis; que le derrière soit plus remarquable que le devant par sa largeur, comme plus convenable aux Hermaphrodites, estant le lieu le plus propre pour l'entretien. D'autant aussy que la terre n'est pas digne de porter chose si précieuse, nous ordonnons qu'on estendra sous lesdits lits quelques riches cairins (tapis du Caire) ou autres tentures de soie. » L'auteur ne fait qu'effleurer son sujet, avec une délicatesse qui témoigne de l'horreur que lui inspirait la vie débordée des courtisans, et il avoue qu'il se détournait avec dégoût de *ceux qui jouoient et folastroient*, « de crainte de voir, dit-il, quelque

chose qui ne m'eust, par aventure, esté guère
agréable. »

Il faut en revenir aux écrits d'Agrippa d'Aubigné, pour leur emprunter les traits les plus caracté-
ristiques de la Prostitution des mignons. Le grave
et judicieux de Thou n'a pas dédaigné de faire entrer dans son Histoire quelques-unes des anecdotes
qu'on trouve même dans la *Confession de Sancy* :
celle de la sarbacane, par exemple, prouve au moins
que le roi n'était point assez endurci dans le vice,
pour s'y livrer sans remords. Ce fut vers 1580, que
Saint-Luc et Joyeuse, honteux et fatigués de leur
condition, voulurent s'en affranchir, en faisant rougir leur maître de ses débauches, qu'ils ne suppor-
taient plus eux-mêmes qu'avec une invincible répugnance. D'après le conseil de la comtesse de Retz,
qu'ils aimaient l'un et l'autre, ils percèrent le mur
du cabinet de Henri III, et firent « couler, par la
ruelle du lit, entre la contenance et le rideau, une
sarbacane d'airain, par le moyen de laquelle ils vou-
loient contrefaire un ange, » selon le récit que d'Aubigné a fait de l'aventure. (*Hist. universelle*, liv. II,
chap. v, t. III.) Il s'agissait de glisser dans l'oreille
du roi les avertissements et les menaces du ciel,
pour le corriger de ses hideuses habitudes. Le stra-
tagème réussit au delà des espérances de Saint-Luc
et de Joyeuse, car Henri III n'eut pas plutôt entendu
la voix mystérieuse qui le sommait de s'amender,
sous peine d'être foudroyé comme les habitants per-

vers de Sodome et de Gomorrhe, qu'il jura de ne plus retomber dans son péché et qu'il fit partager son repentir à ses mignons. Ce pauvre pécheur était devenu si peureux, qu'au moindre coup de tonnerre, il allait se cacher sous son lit, et qu'il s'enfuyait au fond des souterrains du Louvre, quand la foudre continuait à gronder. Mais Joyeuse eut pitié de l'état déplorable dans lequel il avait mis le roi, et pour le guérir de ses terreurs, il lui avoua tout, en accusant Saint-Luc. Celui-ci eut le temps de s'enfuir, avant que la colère de Henri III pût l'atteindre, et il se réfugia dans la ville de Brouage, dont il était gouverneur, en abjurant pour toujours ses hérésies de mignon. De Thou rapporte la même aventure, mais il donne pour complice à Saint-Luc, François d'O, au lieu de Joyeuse, et il attribue à la femme de Saint-Luc, qui était Jeanne de Cossé-Brissac, l'invention de la sarbacane. Au reste, en dépit de sa tache originelle, l'ex-mignon François d'Épinay, seigneur de Saint-Luc, devint grand maître de l'artillerie et maréchal de France, sous le règne de Henri IV. « Ce pauvre garçon avait en horreur cette vilenie, dit Agrippa d'Aubigné, dans la *Confession de Sancy*, et fut forcé la première fois; le roy luy faisant prendre un livre dans un coffre, duquel le grand prieur et Camille lui passèrent le couvercle sur les reins, et cela s'appeloit prendre le lièvre au colet : tant y a que cet honneste homme fut mis par force au mestier. » Le déshonneur du malheureux favori fut proclamé à la cour par cette anagramme ordurière, que Rochepot avait trouvée dans le nom de Saint-Luc : *cul in c...*

L'ange de la sarbacane avait laissé dans l'esprit du roi une disposition salutaire à redouter le châtiment de Dieu ; de là, ces processions, ces pénitences, ces expiations solennelles. Mais nous hésitons à croire, comme le dit d'Aubigné, que « la frayeur croissoit avec l'artifice exquis des voluptés ; » nous repoussons avec horreur les monstrueuses calomnies, que les ligueurs, plutôt encore que les huguenots, avaient distillées, ainsi qu'un affreux poison, pour anéantir la royauté, en stigmatisant le roi ; on a peine à concevoir comment d'Aubigné a pu s'obstiner à répéter ces indignités, dans ses *Tragiques,* dans son *Histoire universelle* et dans sa *Confession de Sancy.* Il aurait dû laisser, dans les libelles de la Ligue, ces chapelets venus de Rome, ces grains bénits, que le roi aurait distribués à tous les *confrères du cabinet*, en leur ordonnant que « leurs voluptés s'exerceroient à travers lesdits chapelets; » cette messe *sacrée*, qui se disait au-dessus du lit du cabinet et dont « les ornements estoient accommodez à ce péché; » ces « lavemens d'eschine, » et ces clystères d'eau bénite que les mignons employaient en guise de préservatif contre le feu du ciel ! Sauval, dans ses mémoires historiques et secrets sur les amours des rois de France, n'a pas hésité, en présence des hideuses profanations alléguées par d'Aubigné, à prendre la défense de Henri III : « Toutes ces abominations de Gomorrhe, dit-il, dont on le noircissoit, et que les satyriques appeloient les *amours sacrés*, comme défendant l'amour des femmes, estoient plustost les vices des grands et surtout de ses favoris, nommés la *sacrée société* et la *bande sacrée*, que les siens. Aussi, étoit-ce d'eux et de leur monstrueuse paillardise dont ils faisoient leurs délices, qu'on disoit en ce temps-là : *In Spania, los cavalleros ; in Francia, los grandes ; i n Almania, pocos ; in Italia, todos.* » Cependant, il faut accepter comme vrai une partie des aveux de la *Confession de Sancy*, tout infâmes qu'ils soient, et l'on est forcé de ne pas confondre avec les ignobles libellistes de la Ligue le brave et loyal Agrippa d'Aubigné, qui fut l'ami et le compagnon d'armes du roi béarnais, lors même qu'il s'écrie avec un profond sentiment d'indignation : « Si je contois ce que m'a dit en secret le prince de Condé, quand ils furent toute une nuit très-contens de l'apprentissage du comte d'Auvergne à son nombril ; ou si je contois le banissement du jeune Rosny, pour estre mal garny ; de Noailles, pour avoir escrit sur son lit ces vers :

> Nul heur, nul bien ne me contente
> Absent de ma divinité !

» Le roy de Navarre y avoit apostillé de sa main :

> N'appellez pas ainsi ma tante :
> Elle aime trop humanité.

» On connut par là qu'il aimoit les femmes, contre les règles de l'amour sacré : cela le fit chasser à coups de pied, comme le duc de Longueville, pour avoir demandé au roy ses couleurs en une lettre de papier illuminé; si je contois les espousailles de Quélus, l'autre contrat signé du sang du roy et du sang de d'O pour tesmoin, par lequel il espousoit monsieur le Grand; de plus, si je redisois les paroles de ce prince agenouillé sur Maugiron mort, ayant la bouche collée entre les deux parties honteuses!... » (Voy., dans la *Confession de Sancy*, le chap. VII des reliques et dévotions du feu roy.)

Quand d'Aubigné écrivait, sous une forme facétieuse, ces horribles révélations de l'histoire secrète du Louvre, il avait été condamné à mort deux ou trois fois par contumace, comme huguenot incorrigible; il était en haute faveur à la cour de Henri IV; il avait barbe grise au menton, et il sentait encore bouillonner dans ses veines la haine implacable que lui inspirait le vice couronné; mais, plus de trente ans auparavant, alors que, durant les guerres de 1577, il résidait à Casteljaloux, commandant quelques chevau-légers de l'armée protestante, et « se tenant pour mort pour les plaies reçues en un grand combat, » il avait formulé, presque dans les mêmes termes, les mêmes accusations contre Henri III et ses courtisans, dans le recueil des *Tragiques*, qui ne furent publiés que vingt-cinq ans plus tard. C'étoit donc sur un lit de douleur, et en face d'une mort prochaine, qu'il vouait à l'exécration de la postérité les faits et gestes hideux des mignons et de leur royal maître. Voici comment le poète préparait alors la tâche de l'historien :

> Quand j'oy qu'un roy transy, effraié du tonnerre,
> Se couvre d'une voute et se cache sous terre,
> S'embusque de laurier, fait les cloches sonner ;
> Son péché, poursuivy, poursuit de l'estonner ;
> Qu'il use d'eau lustrale, il la boit, la consomme
> En clystères infects ; il fait venir de Rome
> Les cierges, les agnus, que le pape fournit ;
> Bouche tous ses conduits d'un charmé grain-benit ;
> Quand je voy composer une messe complete,
> Pour repousser le ciel, inutile amulete ;
> Quand la peur n'a cessé, par les signes de croix,
> Le brasier de Massé ny le froc de François :
> Tels spectres inconnus font confesser le reste ;
> Le péché de Sodome et le sanglant inceste
> Sont reproches joyeux de nos impures cours.
> Triste, je trancheray ce tragique discours,
> Pour laisser aux pasquils ces effroyables contes,
> Honteuses veritez, trop veritables hontes!

CHAPITRE XXXVIII.

La comtesse de Guiche. — Madame de Guercheville. — Les abbayes de Longchamp et de Montmartre. — Gabrielle d'Estrées. — Ses amours avec le roi et avec d'autres. — La duchesse de Verneuil. — La Haye, Fanuche, la comtesse de Moret, la Glandée, etc. — La princesse de Condé. — Les proxénètes du roi.

On ne saurait mieux peindre l'état des mœurs de la cour à la fin du seizième siècle, qu'en faisant le tableau des désordres de la vie privée de Marguerite de Valois, reine de Navarre, première femme de Henri IV, et en retraçant quelques traits des amours de son mari, amours immortalisées sous le nom du *grand Alcandre*. Ils ont pris soin, d'ailleurs, l'un et l'autre, de dévoiler réciproquement le secret de leurs adultères, la reine, dans ses *Mémoires*, où elle énumère, avec beaucoup de réserve et de délicatesse toutefois, ses griefs contre un époux infidèle et volage; le roi, dans le fameux *Divorce satyrique*, ce factum qu'il avait fait rédiger, par Agrippa d'Aubigné ou tout autre, pour servir d'instruction aux commissaires nommés à l'effet de rechercher et d'examiner les causes de séparation qui pouvaient exister entre les époux. Ces deux pièces authentiques du procès de divorce ne furent imprimées que longtemps après; mais elles avaient circulé manuscrites, au moment où elles étaient produites dans la cause : elles prouvèrent, de la façon la plus scandaleuse, que le roi de Navarre et sa femme n'avaient rien à se reprocher l'un à l'autre en fait de libertinage et d'incontinence. C'était, au reste, le *train* ordinaire de la cour; et lorsque la princesse de Conti écrivait, en forme de roman, les *Amours du grand Alcandre*, qui complètent les *Mémoires* de Marguerite de Valois, elle ne crut pas enfreindre les lois de la belle galanterie, en offrant ces exemples de débauche et de dépravation à la jeune noblesse de France.

Il serait difficile de passer en revue tous les débordements de la reine Marguerite, depuis son entrée précoce dans la carrière de la Prostitution, à l'âge de onze ans, lorsque « d'Entragues et Charins (car tous deux ont cru avoir obtenu les premiers cette gloire) eurent les prémices de sa chaleur, » dit lui-même Henri IV, dans le *Divorce satyrique*. Nous avons déjà rapporté ailleurs, avec assez peu de confiance, les bruits odieux qui couraient sous le règne de Charles IX, au sujet des amours incestueuses de la reine *Margot* avec ses trois frères; nous ne parlerons pas ici de ses premiers amants, ni du colonel Martigues, qui l'aimait si éperdument, qu'il portait toujours avec lui, aux siéges et aux escarmouches les plus dangereuses, une écharpe de broderie et un petit chien, qu'elle lui avait donnés en souvenir; ni du duc de Guise, qui « songeoit de parvenir, de ses impudiques baisers, aux nopces; » ni de La Mole, qui fut décapité en place de Grève avec Coconnas, et dont elle conservait le cœur et certaines reliques plus étranges dans des boîtes d'or ; ni de Saint-Luc, dont elle recevait, en pleurant son dernier amant, « les fréquentes et nocturnes consolations ; » ni de Bussy, qui, si brave qu'il fût, avoit la réputation « de l'estre peu avec les femmes, à cause de quelque colique qui le prenoit ordinairement à minuict. » Le *Divorce satyrique* cite encore, parmi ceux qui obtinrent les faveurs de la princesse, le duc de Mayenne, « bon compagnon, gros et gras, et voluptueux comme elle ; » le vicomte de Turenne, qu'elle congédia bientôt, « trouvant sa taille disproportionnée en quelque endroit ; » Lebole, qui, dans un accès de jalousie, mangea les plumes de son chapeau ; Clermont d'Amboise, qui la caressait « toute en juppe sur la porte de sa chambre, » tandis que le roi de Navarre jouait ou se promenait, le soir, avec ses officiers, dans la salle ; le *vieux rufien* de Pibrac « que l'amour avoit fait devenir son chancelier ; » et enfin, le seigneur Harlay de Champvalon, qui se faisait porter au Louvre dans un coffre de bois, pour entrer la nuit dans la garde-robe de sa maîtresse.

Nous avons hâte d'arriver à l'esclandre qui accompagna le départ de la reine de Navarre, lorsqu'elle quitta Paris et la cour, par ordre du roi son frère, pour retourner en Gascogne, auprès de son mari. Henri III était très-irrité contre elle, car la liaison de la princesse avec Champvalon avait porté ses fruits, et un enfant qui en était résulté, disait-on, avait disparu, aussitôt après sa naissance.

Champvalon s'était prudemment retiré en Allemagne, lorsque la grossesse de Marguerite commençait à être soupçonnée. On prétendit que l'enfant adultérin avait été étouffé, coupé par morceaux et jeté dans un privé; mais on a su plus tard, qu'il fut élevé sous le nom de Louis de Vaux, par le concierge de l'hôtel de Navarre, et qu'il passait pour être le fils d'un parfumeur de la cour. Quoi qu'il en soit, Henri III ayant enjoint à sa sœur de partir, celle-ci obéit à regret, et se mit en route le lundi 23 août 1583, avec quelques personnes de sa maison. Elle arriva, le soir, à Palaiseau, pour y coucher; mais le roi l'avait fait suivre par soixante archers de sa garde; et leur capitaine, le sieur de l'Archant, exécutant des ordres secrets, « la vinst rechercher jusque dans son lit, dit Pierre de l'Estoile, et prendre prisonnières la dame de Duras et la damoiselle de Béthune, qu'on accusoit d'incontinence et d'avortements procurés. » Le seigneur de Lodon, gentilhomme de la reine de Navarre, fut arrêté, ainsi que l'écuyer, le secrétaire, le médecin et d'autres officiers de cette princesse; on les conduisit à Montargis, où le roi les interrogea lui-même « sur les déportemens de ladite roine, sa sœur, mesme sur l'enfant qu'il estoit bruit qu'elle avoit fait depuis sa venue à la cour. » Mais cet interrogatoire et l'enquête, qui en fut la suite, ne firent rien découvrir, et toutes les personnes arrêtées furent mises en liberté. Marguerite put alors continuer sa route et gagner

Nérac, où était son mari. Le roi de Navarre ne voulut pas la reprendre, à cause du scandale de toute cette affaire. Il n'y eut plus de rapports entre les deux époux, qui vivaient sous le même toit, comme s'ils eussent été déjà séparés par un divorce. Henri III essaya d'intervenir pour opérer entre eux un rapprochement, du moins apparent. Dans une de ses lettres à son beau-frère, il lui disait malignement : « Vous savez comme les rois sont sujets à être trompés par de faux rapports, et que les princesses les plus vertueuses ne sont bien exemptes de la calomnie; mesme pour le regard de la feue roine vostre mère, vous savez ce qu'on en a dit et combien on en a tousjours mal parlé. » Le roi de Navarre éclata de rire, et s'adressant à M. de Bellièvre, qui lui avait apporté cette belle lettre : « Le roi, lui dit-il gaiement, me fait beaucoup d'honneur par toutes ses lettres : par les premières, il m'appelle *cocu*, et par ses dernières, *fils de putain*. Je l'en remercie ! » (*Journal de Henri III*, édit. de MM. Champollion.)

Les deux époux ne vécurent pas en meilleure intelligence, quoique le roi de Navarre, par politique, fît semblant d'avoir oublié ses griefs : « Il avoit repris sa femme par manière d'acquit, dit l'Estoile, et pour le commandement que Sa Majesté avoit sur luy; si ne fust-il jamais possible de luy persuader de coucher avec elle, seulement une nuict, la caressant assez de belles paroles et bon visage, mais, de l'autre, point : dont la mère (Catherine de Médicis) et la fille enrageoient. » L'Estoile a effacé ce passage dans la mise au net de son *Registre-Journal*, et il s'est contenté d'y laisser, à la date de février 1585, une phrase où il dit que la reine Marguerite était « fort malcontente de son mary, qui la négligeoit, n'ayant couché avec elle, depuis les nouvelles de l'affront que le roy son frère lui avoit fait recevoir en aoust 1583. » Pendant cet intervalle de temps, passé à la cour de Nérac, la reine, qui avait paru vouloir s'amender, menait une conduite plus honorable; « vivante avec la vergogne de ses péchés, » dit le *Divorce satyrique*; mais enfin, elle se fatigua de cette continence forcée, et « se laissa derechef emporter à la chair et à sa débordée sensualité. » Elle abandonna le logis du roi, son mari, où elle était étroitement surveillée et gardée à vue par ordre de son frère Henri III, et elle se retira dans la ville d'Agen « pour y establir son commerce et, avec plus de liberté de conscience, continuer ses ordures. » Elle n'y resta pas longtemps : les habitants de la ville, qui appartenoient au parti catholique, n'eurent pas plutôt appris que la reine de Navarre étoit arrivée dans leurs murs, qu'ils se soulevèrent pour l'obliger à en sortir aussitôt. Elle s'enfuit donc à la hâte. « A peine se put-il trouver un cheval de croupe pour l'emporter, ni des chevaux de louage ni de poste pour la moitié de ses filles, dont plusieurs la suivoient à la file, qui sans masque, qui sans devantier, et telle sans tous les deux, avec un désarroy si pitoyable, qu'elles ressembloient mieux à des garces de lansquenetz, à la rouple (rupture ou levée) d'un camp, qu'à des filles de bonne maison; accompagnée de quelque noblesse mal harnachée, qui, moitié sans bottes et moitié à pied, la conduisirent, sous la garde de Lignerac, aux montagnes d'Auvergne, dans Carlat. » Henri III, ayant appris la fuite de sa sœur, en fut très-irrité, et dit tout haut à ses courtisans : « Les cadets de Gascogne n'ont pu saouler la reine de Navarre : elle s'en est allée trouver les muletiers et chauderonniers d'Auvergne ! »

La pauvre Marguerite, dans le trajet d'Agen à Carlat, s'était mise en croupe derrière un gentilhomme (voy. le *Scaligerana*, au mot NAVARRE). « Elle s'escorcha toute la cuisse, dont elle fut un mois malade et en eust la fièvre. » Le médecin, qui la pansait, « eut les estrivières pour avoir trop parlé, » selon le *Dictionnaire général et curieux* de César de Rochefort (p. 415, col. 1). Ce qui nous autorise à supposer que cette écorchure avait une origine suspecte. La reine de Navarre, si l'on en croit le *Divorce satyrique*, manquait de tout dans le château de Carlat, « où elle fut longtemps, non-seulement sans daiz et lit de parade, mais aussi sans chemises pour tous les jours. » Elle se consolait, en se livrant à toute la fougue de son tempérament, dans ce château, « ressentant plus la tannière de larrons, que la demeure d'une princesse, fille, femme et sœur de roy. » Elle ne pouvait renouveller, aussi souvent qu'elle l'eût voulu, le personnel de ses galantéries, et elle se trouvait circonscrite dans le choix de ses amants. En l'absence du seigneur de Duras, « qu'elle avoit envoyé vers le roy d'Espagne quérir de l'argent, » elle jeta les yeux successivement sur Choisnin, un des musiciens de son cabinet; puis sur son cuisinier; puis sur Saint-Vincent, son maître d'hôtel; puis sur Aubiac, « le mieux peigné de ses domestiques, qu'elle eslova de l'escurie en la chambre. » Cet Aubiac s'était épris d'elle, en la voyant pour la première fois, sept ou huit ans auparavant. « Je voudrais, dit-il alors à haute voix, en la regardant avec des yeux enflammés d'amour, avoir couché avec elle, à peine d'être pendu quelque temps après! » En parlant ainsi, il tirait lui-même son horoscope; car, après avoir été le favori de cette princesse (quoique ce fût un « chestif escuyer, rousseau et plus tavelé que truitte, dont le nez teint en escarlatte ne s'estoit jamais promis au mirouer, d'estre un jour trouvé dans le lit avec une fille de France, ainsi qu'il le fut à Carlat par madame de Marze, qui, par trop matineuse, fit ce beau rencontre »), il fut fait prisonnier avec sa dame dans le château d'Ivoy, où celle-ci s'était réfugiée, au sortir de Carlat. Le roi de France, irrité contre sa sœur, avait ordonné au marquis de Canillac de s'emparer d'elle, car Marguerite, depuis plusieurs années, avait embrassé le parti de la Ligue, afin de se venger à la fois

et de son frère et de son mari. La reine se vit donc
conduire au château d'Usson, en Auvergne, où le
marquis de Canillac devait la tenir enfermée, tandis
que son dernier amant, le malheureux Aubiac, était
mené à Aigueperse pour y être jugé. On le con-
damna, comme ligueur, à être pendu, et il alla au
supplice, en baisant un « manchon de velours ras
bleu qui lui restoit des bienfaits de sa dame. » Mais
déjà Marguerite lui avait donné un successeur, et le
marquis de Canillac s'était laissé prendre aux sé-
ductions de sa prisonnière. Il devint, de malpropre
qu'il était, « coint (soigné) et joly comme un beau
petit amoureux de village. » La reine ne l'aimait pas,
mais faisait semblant de l'aimer; et lui, jaloux de
tous les rivaux qu'on lui laissait soupçonner, négli-
geait le service du roi pour celui de l'enchanteresse.
Celle-ci dirigea si bien ses ruses et ses artifices, qu'elle
imagina un prétexte pour se débarrasser de son geô-
lier amoureux, et qu'elle se saisit du château, pendant qu'il était dehors. A son retour, le marquis de
Canillac trouva la porte close, et Marguerite lui fit
dire qu'elle n'avait plus besoin de gouverneur. Il
s'éloigna d'Usson, en soupirant, et il servit de risée
à la cour de Henri III, qui lui pardonna d'avoir si
mal rempli sa mission, eu égard à la honte de sa
déconvenue. « Pourquoi, lui dit-il pour toute vengeance, ne demandez-vous pas à la reine Margot la
grâce d'être son parfumeur? »

La forteresse d'Usson, bâtie sur la pointe d'un

rocher, était inexpugnable. Henri IV n'eut pas l'idée d'y faire assiéger sa femme : il se tint pour satisfait de ce qu'elle y était captive, quoique souveraine dans l'intérieur de cette espèce de prison. Elle resta plus de vingt ans dans cet asile mystérieux de ses débauches. Un des panégyristes de cette princesse, le père Hilarion de Coste, dans les *Éloges des Dames illustres*, ne s'est pas fait scrupule de dire, en style de rhéteur, que « ce fort château de l'Auvergne fut un Thabor pour sa dévotion, un Liban pour sa solitude, un Olympe pour ses exercices, un Parnasse pour ses muses, et un Caucase pour ses afflictions. » Bayle remarque, avec raison, que le séjour de la reine de Navarre à Usson eût été plus justement comparé à la retraite de Tibère dans l'île de Caprée. Il est certain, pourtant, que la voluptueuse sirène d'Usson avait eu l'adresse de cacher si bien aux profanes les mystères d'impudicité qui se renfermaient dans l'intérieur de son château, où ne pénétra jamais aucun étranger, que les yeux et les oreilles du public n'y pouvaient rien voir ni rien entendre. Tout ce qui se passait derrière ces murailles épaisses échappait à la curiosité et à la censure du dehors. On ignorait même, aux environs, le genre de vie qu'on menait dans cette retraite inabordable, dont tous les échos furent muets jusqu'à ce que Marguerite l'eût quittée. Voici comment un homme grave et honorable, Jean Darnalt, procureur du roi au siége présidial d'Agen, se faisait illusion sur les mœurs et les habitudes de la dame du lieu : « C'est une chose très-vraye, dit-il dans ses *Antiquités d'Agen* (qui ont été imprimées à Paris, en 1606, à la suite de sa *Remonstrance ou harangue solennelle faite aux Ouvertures des plaidoyers, d'après saint Luc, en la senechaussée d'Agen*), que Sa Majesté garde très-étroitement là-dedans une coustume, depuis qu'elle y est, fort louable. Après s'estre recréée moderement à l'exercice des Muses, elle demeure, la pluspart du temps, retirée en sa chappelle, faisant prieres à Dieu, pleines d'ardeur et de vehemence, se communiant une fois ou deux la semaine. » Le digne magistrat, qui était certainement de bonne foi dans son étrange paranymphe, n'eût pas osé l'écrire, ni surtout le publier, s'il avait pu soupçonner la vérité; car les éloges qu'il adressait à la reine ressemblaient fort à des plaisanteries, et Marguerite dut bien rire avec ses mignons, quand Darnalt lui disait très-sérieusement dans ce beau morceau d'éloquence : « Phenix qui renaissez journellement de vos propres cendres, bruslant et vous consommant en l'amour divin..., vous vivés d'une autre vie, qu'on ne vit pas au monde!... Hermitage saint, monastère devot, où Sa Majesté s'estudie du tout à la meditation, qui ne tend qu'à la fin des fins, à la fin souveraine; rocher tesmoin de la volontaire solitude, très-louable et religieuse, de ceste princesse, où il semble, par la douceur de la musique et par le chant harmonieux des plus belles voix de la France, que le paradis en terre ne puisse estre ailleurs, et où Sa Majesté gouste le contentement et le repos d'esprit que les ames bienheureuses sentent en l'autre monde! »

Nous n'avons pas malheureusement la contre-partie de cet incroyable panégyrique : il n'y a, dans le *Divorce satyrique*, que quelques lignes peu importantes, concernant le séjour de Marguerite à Usson. Lorsqu'elle eut chassé de ce château le marquis de Canillac, « elle se resolut de n'obeir plus qu'à ses volontés, dit Henri IV dans le *Divorce satyrique*, et d'establir dans ce roc l'empire de ses delices, où, close de trois enceintes et tous les grands portaux murés, Dieu scait, et toute la France, les beaux jeux qui, en vingt ans, se sont joués et mis en usage. La *Nanna* de l'Aretin ni sa *Sainte* ne sont rien auprès. » Mais, après ce début, qui promettait des révélations singulières, le factum du roi ne nous fait presque pas connaître quels étaient ces *beaux jeux*, qui occupèrent si longtemps la dame d'Usson, et qui remplacèrent pour elle les rêves de l'ambition et les jouissances de l'orgueil. On peut conclure cependant, avec certitude, du silence même que l'histoire a gardé sur les détails de cette longue retraite, que l'illustre recluse vivait dans la dissolution la plus monstrueuse : « Il est vrai, dit à ce sujet son royal époux, qu'au lieu des galands qui souloient adoucir sa vie passée, elle y a esté reduite, à faute de mieux, à ses domestiques, secretaires, chantres

et motifs de noblesse, qu'à force de dons elle y atti-
roit, dont la race et les noms, inconnus à leurs voisins mesmes, sont indignes de ma mémoire. »
Henri IV n'en cite qu'un, qui donne la mesure des
autres, et qui eut aussi un règne plus éclatant, à
cause de l'amour forcené qu'il avait su inspirer à sa
maîtresse : « C'est de luy, qu'elle dit qu'il change
de corps, de voix, de visage et de poil, comme il
luy semble, et qu'il entre à huis clos où il luy plaist;
c'est pour luy qu'elle fit faire les lits de ses dames
d'Usson si hauts, qu'on y voyoit dessous sans se
courber, afin de ne s'escorcher plus, comme elle
souloit, les espaules ni le fessier, en s'y fourrant à
quatre pieds pour le chercher; c'est pour luy, qu'on
l'a veue souvent tastonner la tapisserie, pensant l'y
trouver, et celuy pour qui, bien souvent, en le
cherchant de trop d'affection, elle s'est marquée le
visage contre les portes et les parois; c'est pour luy,
que vous avez ouy chanter à nos belles voix de la
cour ces vers faits par elle-mesme :

> A ces bois, ces prez et ces antres,
> Offrons les vœux, les pleurs, les sons,
> La plume, les veux, les chansons
> D'un poëte, d'un amant, d'un chantre. »

C'était un chantre, en effet, nommé Pomony ou
Comines, fils d'un chaudronnier auvergnat, qui
n'avait de remarquable que son *énorme laideur* et sa
belle voix; il fut d'abord enfant de chœur dans une

église de village, avant d'être reçu dans la chapelle
de la reine, qui le décrassa un peu pour en faire
son secrétaire et son favori. Elle en était éprise jusqu'à la rage, et l'on attribuait à un charme magique
cette violente passion, qui prenait parfois le caractère d'une démence furieuse. Henri IV disait ne pouvoir
quelquefois s'empêcher de rire « des extravagantes
jalousies et fortes passions qu'on raconte de ses
amours, qui la transportent plus souvent à mespri-
ser ce qu'elle voit et croire ce qui n'est point, ores
cherchant furieuse et chaude ses rufiens en tous les
endroits les plus écartés de sa maison, bien qu'elle
ne puisse ignorer qu'ils sont autre part, et ores les
voyant et oyant, et toutesfois, se persuadant que
sous leur image ce soient d'autres qui tachent de la
decevoir et à luy mesfaire. »

Ce qui faisait croire que la reine, dans ses débordements amoureux, était l'esclave d'un sortilége qui
étouffait en elle le sentiment de la pudeur, ce furent
moins les folies auxquelles on la vit s'abandonner, que
les amulettes étranges qu'elle avait toujours sur elle.
On racontait qu'elle avait fait sceller dans des boîtes
d'or les cœurs de ses amants morts, comme les reliques de ses amours, et ce bruit se trouvait confirmé,
en quelque sorte, par la quantité de cassolettes et de
joyaux en forme de cœurs, qu'elle serrait dans ses
poches ou qu'elle attachait à sa ceinture. Il n'y avait
sans doute que des parfums dans ces boîtes d'orfé-
vrerie. Cependant, lorsqu'elle résidait à Usson, elle

portait ordinairement pendue au cou, entre la chemise et la chair, une bourse de soie bleue « en laquelle *ses plus privés* avoient descouvert une boëte d'argent, dont la superficie gravée représentoit naïvement (outre plusieurs différens et inconnus characteres) d'un costé un portrait, et de l'autre son chauderonnier. » On est autorisé à supposer que cette boîte d'argent n'était pas un talisman de la sorcellerie, mais bien un talisman de l'amour ; aussi, serions-nous enclins à rapprocher ce talisman de celui que Brantôme, dans ses *Dames galantes*, fait porter à une dame de la cour, qu'il ne nomme pas : « Son mary mort, dit-il, elle luy coupa ses parties du devant ou du mitan, jadis d'elle tant aymées, et les embauma, aromatisa et odoriféra de parfums et de poudres musquées et très-odoriférantes, et puis les enchassa dans une boëte d'argent doré, qu'elle garda et conserva comme une chose tres-precieuse. » Suivant la tradition, en effet, Marguerite de Valois avait non-seulement enlevé elle-même la tête coupée de son cher La Mole, qu'elle ne put sauver du supplice, mais elle aurait, de ses propres mains, mutilé le cadavre qui était déjà divisé en quatre quartiers et planté sur des pieux aux quatre coins de la place de Grève ; la tête fut enterrée la nuit, par les soins pieux de cette amante désolée, dans la chapelle de Saint-Martin ; le cœur et les autres débris, volés au corps du supplicié, furent embaumés et scellés dans des boîtes d'or et d'argent, que la reine portait en

guise de joyaux et de reliquaires, à travers tous ses
amours, qui ne servaient, disait-elle, qu'à raviver le
premier. « Elle portoit, raconte Tallemant des Réaux,
qui savait tout de bonne main, un grand vertugadin qui avoit des pochettes tout autour, en chacune
desquelles elle mettoit une boîte où étoit le cœur d'un
de ses amants trépassés; car elle étoit soigneuse,
à mesure qu'ils mouroient, d'en faire embaumer le
cœur. Ce vertugadin se pendoit tous les soirs à un
crochet, qui fermoit à cadenas, derrière le dossier
de son lit. » (Voy. les *Historiettes* de Tallemant des
Réaux, 2ᵉ édit. de M. de Monmerqué, t. I, p. 163.)

L'historien Dupleix, que Marguerite avait attaché
à sa maison en qualité de maître des requêtes, « avec
honneste appointement, » comme il le dit lui-même,
ne crut pas devoir jeter le manteau sur les déréglements de la vie de cette princesse, lorsqu'il eut à
parler d'elle dans l'Histoire de Henri IV; néanmoins,
il revêtit d'un voile discret le tableau de Prostitution,
qu'il avait eu sous les yeux pendant vingt ans :
« Tout le monde la publiant déesse, dit-il dans
l'*Histoire de Louis XIII* (p. 53), elle s'imaginoit aucunement de l'estre, et de cà prist plaisir toute sa
vie d'estre nommée *Vénus Uranie*, c'est-à-dire *céleste*,
tant pour monstrer qu'elle participoit de la divinité,
que pour faire distinguer son amour de celuy du
vulgaire, car elle avoit un autre ordre pour l'entretenir, que celuy des autres femmes, affectant surtout
qu'il fust plus pratiqué de l'esprit que du corps, et

avoit ordinairement ce mot en bouche : « Voulez-vous cesser d'aimer, possédez la chose aimée! » J'en pourrois faire un roman plus excellent et plus admirable, que nul qu'aist esté composé es siècles précédents, mais j'ai des occupations plus sérieuses. »

Dupleix se justifia d'avoir révélé ou plutôt d'avoir laissé deviner l'incontinence de la reine, en déclarant qu'il n'écrivait pas des panégyriques pour les princes et princesses, mais « une vraie histoire, qui doit exprimer leurs vertus et ne supprimer pas leurs vices, afin que leurs successeurs, craignant une pareille flétrissure pour leur mémoire, imitent leurs louables actions et s'esloignent des mauvaises. » Mais il fut généralement blâmé, et Bassompierre se fit la trompette de ce blâme, dans ses *Remarques* sur l'ouvrage de Dupleix, qu'il interpelle sur ce sujet avec l'accent du mépris et de l'indignation : « Infâme vipère, qui par ta calomnie déchire les entrailles de celle qui t'a donné la vie! Ver, qui mange la mesme chair qui t'a procréé!... Quelle honte fais-tu à la France de publier à tout le monde et de laisser à la postérité des choses si infâmes d'une des plus nobles princesses du sang royal, qui peut estre sont fausses, ou, au pis aller, n'estoient connues que de peu de personnes? »

Ainsi, Bassompierre lui-même, en prenant si vivement la défense de Marguerite, avoue que les calomnies qu'il reproche à Dupleix pouvaient bien n'être que des médisances et des indiscrétions; mais Du-

pleix n'avait fait que répéter avec une extrême
réserve ce qui se disait partout, à la cour et même
dans le peuple, depuis que la reine de Navarre eut
quitté son château enchanté d'Usson, en 1605, pour
revenir se fixer à Paris : son état hystérique ou hy-
pocondriaque était devenu tel, à cette époque, que
les scandales qu'il engendrait tous les jours furent
l'entretien et l'étonnement de la France entière.
« Ceste foiblesse, dit Dupleix, ne paroissoit au
commencement qu'en certains objets cognus à ses
domestiques; mais, depuis son dernier voyage à la
cour, ils ne furent que trop divulgués, elle-même
les faisant cognoistre à tout le monde. »

Quelle que fût la notoriété des désordres de la
reine Marguerite, Brantôme, qui avait été aussi un
de ses domestiques, et qui conservait pour elle autant de respect que d'admiration, ne se permit pas,
à l'exemple de Dupleix, de trahir les secrets de la
conduite privée de cette princesse. S'il raconta dans
ses *Dames galantes*, peut-être de l'aveu de Marguerite, plusieurs faits assez équivoques qui la concer-
naient et qu'il tenait directement des confidences de
Vénus Uranie, il se garda bien de la nommer, et il
eut souvent la précaution de dérouter le lecteur, en
modifiant diverses particularités de son récit. La
notice qu'il a consacrée à Margnerite dans les *Vies
des femmes illustres* est un panégyrique resplendis-
sant, où l'auteur n'a pas même admis une ombre de
galanterie, comme s'il avait pour objet d'opposer ce

brillant éloge au *Divorce satyrique*, qui circulait à la
cour vers ce temps-là. Ainsi, Brantôme évite de ré-
futer une à une les accusations que le rédacteur du
Divorce satyrique avait accumulées dans ce factum
contre les mœurs de Marguerite; il n'aborde pas
seulement cette thèse difficile et délicate, mais il se
jette à corps perdu dans les généralités laudatives,
et il s'attache presque exclusivement à mettre en
relief les charmes de séduction qui avaient toujours
été l'apanage de la reine : « Voilà, disait-on, une
princesse qui, en tout, va par-dessus le commun de
toutes les autres du monde! » Brantôme se plaît à dé-
peindre cette merveilleuse beauté, cette grâce in-
comparable, ce goût exquis dans la toilette, cette
richesse de taille, cette noblesse de maintien, toutes
ces perfections extérieures, qui faisaient dire à un
honnête gentilhomme, nouveau venu à la cour : « Je
ne m'estonne pas, si vous autres, messieurs, vous
vous aymez tant à la cour, car, quand vous n'y auriez
autre plaisir tous les jours que de veoir ceste belle
princesse, vous en avez autant que si vous estiez en
un paradis terrestre. » L'auteur du *Divorce satyrique*,
entre toutes les épigrammes cruelles qu'il adresse à
l'épouse déjà répudiée de Henri IV, ne lui avait
peut-être pas lancé de traits plus sensibles à l'amour-
propre de la femme, que dans deux ou trois passages, où il ne craint pas de s'attaquer à une beauté
que l'âge n'avait pas épargnée. Ce sont ces passages
injurieux que Brantôme s'efforce principalement de

combattre et d'effacer, comme s'ils intéressaient seuls l'honneur de Marguerite. Le libelliste avait reproché à la reine de se farder et de se plâtrer outre mesure, pour cacher ses rides : Brantôme rappelle adroitement une comparaison qu'il avait faite de cette belle reine avec la belle Aurore, « quand elle vient à naistre, avant le jour, avec sa belle face blanche et entournée de sa vermeille et incarnate couleur. » Le libelliste s'était raillé, en termes fort grossiers, de l'indécente exhibition qu'elle faisait de sa gorge : Brantôme, sans faire allusion à un reproche qui tombait moins sur la reine que sur les modes de son temps (voy. plus haut, t. VI, p. 32), approuve et glorifie ces nudités, qu'il ne voyait pas du même œil que Henri IV : « Ses beaux accoustremens et belles parures, dit-il, n'osèrent jamais entreprendre de couvrir sa belle gorge ny son beau sein, craignant de faire tort à la veue du monde qui se passoit sur un si bel objet ; car jamais n'en fut veue une si belle ny si pleine de charme, si pleine ny si charnue, qu'elle monstroit si à plein et si descouverte, que la pluspart des courtisans en mouroient, voire des dames, que j'ay veues aucunes de ses plus privées, avec sa licence, la baiser par un grand ravissement.» Brantôme, vieux et infirme alors, était demeuré fidèle au service de son ancienne maîtresse, qui, dans une lettre écrite d'Usson, lui transmettait en ces termes l'expression d'une affection inaltérable: « J'ay sceu que, comme moy, vous avez choisi la vie tranquille, à laquelle j'estime heureux qui s'y peut maintenir, comme Dieu m'en a fait la grâce depuis cinq ans, m'ayant logée en une arche de salut où les orages de ces troubles ne peuvent, Dieu mercy! me nuire; à laquelle, s'il me reste quelque moyen de pouvoir servir à mes amys et à vous particulièrement, vous m'y trouverez entièrement disposée et accompagnée d'une bonne volonté. »

La reine Marguerite, satisfaite de la *vie tranquille* qu'elle menait dans son *arche de salut*, aurait à peine protesté contre la rupture de son mariage avec le roi, si elle n'eût pas craint de voir la couronne (?) France passer sur la tête de Gabrielle d'Estrées, qu'elle détestait non comme une rivale digne d'elle, mais comme une ennemie fatale à la royauté : elle refusa donc de s'associer aux intentions et aux démarches de Henri IV, qui avait formé une requête en divorce devant la cour de Rome; mais Gabrielle étant morte subitement, empoisonnée sans doute, le 10 avril 1599, Marguerite consentit aussitôt au divorce. « J'ai cy-devant usé de longueurs, écrivait-elle à Sully le 29 juillet; vous en savez aussi bien les causes que nul autre, ne voulant voir en ma place une telle décriée bagasse, que j'estime indigne de la posséder. » Elle présenta elle-même au pape Clément VIII une requête conforme à celle du roi, et ne garda pas rancune à Henri IV des moyens peu courtois. qu'il avait employés pour faire prononcer le divorce malgré elle. Elle lui pardonna les ou-

trages du *Divorce satyrique* et ceux de l'interrogatoire que les commissaires du pape leur firent subir
à l'un et à l'autre. Elle riait de grand cœur, en sachant que son mari avait répondu au cardinal de
Joyeuse, qui lui demandait s'ils avaient eu dans le
mariage *communication ensemble :* « Nous étions tous
deux jeunes au jour de nos noces, et l'un et l'autre
si paillards, qu'il étoit impossible de nous en empêcher. » Elle n'avait jamais aimé Henri IV, qu'elle
accusait de sentir le *gousset* et de puer des pieds. Le
roi, au contraire, était encore si pénétré des souvenirs qu'elle lui avait laissés, qu'il s'écria, en apprenant qu'elle avait donné plein consentement à la
sentence de divorce : « Ah! la malheureuse, elle
sait bien que je l'ai toujours aimée et honorée, et
elle point moi, et que ses mauvais déportements
nous ont fait séparer, il y a longtemps, l'un et l'autre! » (Voy. les *Mém. et anecd. des reines et régentes
de France,* par Dreux du Radier, t. V.) Marguerite
prétendait que le bien de la France l'avait détermi-
née à rompre une union qui ne pouvait assurer un
héritier à la couronne, et elle applaudit la première
au mariage du roi avec Marie de Médicis.

Elle était encore, à cette époque, sous le charme
d'un nouvel amour, auquel l'absence de Pominy
avait cédé la place. On peut présumer qu'elle avait
elle-même éloigné ce Pominy, dont elle ne se souciait plus, et qui revint plus tard réclamer ses droits
avec tant de brutalité, qu'elle fut obligée de le chas-

ser, en disant que ce méchant homme lui gâtait tous ses serviteurs. Le successeur de Pominy fut d'abord un petit *valet de Provence*, nommé Julien Date, qu'elle avait anobli, « avec six aunes d'étoffe, » sous le nom de Saint-Julien. Elle l'avait laissé à Usson, lorsqu'elle eut l'idée de reparaître à la cour, après vingt-quatre ans d'exil volontaire. Ce fut au mois d'août 1605, qu'elle arriva tout à coup à Paris et qu'elle alla descendre à l'hôtel de Sens, près de l'Arsenal. Le lendemain de son arrivée, on trouva ces quatre vers écrits sur la porte de cet hôtel, qui appartenait à l'archevêque de Sens :

> Comme reine tu devrois estre
>   En ta royale maison ;
> Comme putain, c'est bien raison
> Que tu sois au logis d'un prestre.

C'est ainsi, selon le *Divorce satyrique*, que « un fourrier bien instruit lui marqua son hostel. » Mais elle n'y logea que peu de jours, et, pour faire taire tous les bruits que son brusque retour avait motivés, en réveillant, comme le dit Pierre de l'Estoile, les *esprits curieux*, elle alla passer six semaines au château de Madrid, dans le bois de Boulogne. Henri IV l'avait revue avec plaisir, et ils s'étaient si bien réconciliés, que « le roi l'avoit requise de deux choses : l'une que, pour mieux pourvoir à sa santé, elle ne fist plus, comme elle avoit de coustume, la nuit du jour et le jour de la nuit ; l'autre, qu'elle

restraignist ses libéralités et devinst plus mesnagére, »
Henri IV lui donna souvent des marques d'affection
et d'intérêt. Il lui rendait visite de temps en temps,
et il se divertissait à causer librement avec elle;
mais, quand il revenait au Louvre, il avait coutume
de dire en plaisantant « qu'il revenoit du bordeau. »
(*Mém. et journaux* de Pierre de l'Estoile, sous le
règne de Henri IV, édition de MM. Champollion,
p. 425.) La reine Marguerite, en se fixant à Paris,
avait ou probablement le projet de changer de vie et
de renoncer à la galanterie; « mais, dit l'impitoyable
auteur du *Divorce satyrique*, ne se pouvant plus
passer de masle, plaignant le temps et ne voulant
plus demeurer oisive, » elle envoya chercher à Usson
ce Date ou ce Saint-Julien, « tant de fois réclamé
durant ses voluptés. » Saint-Julien se mit en route
aussitôt, et vint reprendre le poste de *mignon* qu'il
avait occupé auparavant près de la reine. Celle-ci,
dont la passion pour ce jeune homme s'était exaltée
jusqu'à la rage, congédia Pominy et tint à distance
tous ceux de ses officiers qu'elle avait plus ou moins
rapprochés d'elle. Un d'eux, nommé Vermond, âgé
de dix-huit ans, conçut une telle jalousie contre le
favori, qu'il le tua d'un coup de pistolet, à la portière
du carrosse de la reine. L'assassin fut arrêté; on le
fouilla, et l'on trouva, dit le Journal de l'Estoile,
« trois chiffres sur luy : l'un pour la vie, l'autre
pour l'amour, et l'autre pour l'argent. » On fit son
procès sur-le-champ, car la reine avait juré « de ne

boire ni manger, qu'elle n'en eust veu faire la justice. » Quand on l'amena devant le corps sanglant de la victime, Marguerite, tout en larmes, avait voulu être présente à cette confrontation : « Ah ! que je suis content, puisqu'il est mort ! s'écria-t-il en regardant le cadavre ; s'il ne l'était pas, je l'achèverais ! — Qu'on le tue, ce méchant ! interrompit cette amante désolée ; tenez, tenez, voilà mes jarretières ? qu'on l'étrangle ! » Le lendemain, Vermond, condamné à avoir la tête tranchée devant l'hôtel de Sens, marcha gaiement au supplice, en disant qu'il ne se souciait pas de mourir, puisque son rival était mort.

Aussitôt après cette exécution, la reine Marguerite abandonna l'hôtel de Sens, dont le séjour lui rappelait trop la perte de son mignon. Elle acheta dans le faubourg Saint-Germain un grand hôtel, situé au bord de la rivière, près de la tour de Nesle et à l'entrée du Pré aux Clercs. Elle fit reconstruire à grands frais les bâtiments, peindre et orner les appartements, dessiner et planter les jardins, de manière à se créer une *île de Cythère*, où Vénus Uranie voulait établir son temple et son culte. Ce n'étaient qu'emblèmes et devises d'amour, chiffres, armes et portraits de ses amants anciens et nouveaux ; car, par une singulière faculté de son imagination licencieuse, elle mêlait si bien le fait matériel avec le souvenir, qu'elle appelait sans cesse à l'aide de ses plaisirs les émotions et les jouissances d'autrefois, comme si tous les galants qu'elle avait eus dans le cours de sa vie, fussent toujours là en humeur de la satisfaire, sans jamais la contenter. Ainsi, Julien Date conservait encore des droits et des privilèges, tout mort qu'il fût, lors même que Bajaumont eut pris sa place active. Voici comment le *Divorce satyrique* nous dépeint le successeur de Date : « Ce Baujemont (ou plutôt Bajaumont, de la maison de Duras), mets nouveau de ceste affamée, l'idole de son temple, le veau d'or de ses sacrifices, et le plus parfait sot qui soit arrivé dans sa cour, introduit de la main de madame d'Anglure, instruit par madame Roland, civilisé par Lemayne (ou Le Moine), et naguère guéri de deux poulains par Penna, le médecin, et depuis soufileté par Delin (ou de Loue), maintenant en possession de cette pécunieuse fortune, sans laquelle la pauvreté luy alloit saffraner tout le reste du corps, ainsi que la barbe. » Elle aima Bajaumont, son *bec jaune*, comme elle avait aimé Date, Pominy, Aubiac et La Mole. Elle faillit le perdre aussi, et elle s'en serait bientôt consolée de la même façon. Le sieur de Loue mit l'épée à la main contre le favori et voulut le tuer en pleine église, mais on s'empara de ce furieux, qui fut envoyé prisonnier au For-l'Évêque, et qui eut à soutenir un procès, dans lequel la reine se porta partie civile. Bajaumont était tombé malade de peur, et il avait une jaunisse dont il ne se débarbouilla jamais entièrement. Marguerite ne quittait pas le chevet de son *bec jaune* ; le roi vint la voir sur ces entrefaites, et il la trouva si triste de cette maladie, qu'il dit, en sortant, aux filles de la reine « qu'elles priassent toutes Dieu pour la convalescence dudit Bajaumont, et qu'il leur donneroit leurs estrennes ou leur foire : Car, s'il venoit une fois à mourir, ventre-saint-gris! s'escria-t-il avec gaieté, il m'en cousteroit bien davantage, parce qu'il me faudroit acheter une maison toute neuve, au lieu de celle-cy, où elle ne voudroit plus tenir. » (*Journ. de Henri IV*, par Pierre de l'Estoile.) Bajaumont n'en mourut pas, et la tendresse de Marguerite, pour lui, ne devint que plus furieuse et plus excentrique : comme elle avait depuis longtemps deux *loups* (ulcères malins) aux jambes, elle exigea que Bajaumont se fît mettre deux cautères aux bras, afin qu'ils n'eussent rien à se reprocher l'un l'autre!

« Qui sera celui qui lira ses actes héroïques, disait l'auteur du *Divorce satyrique*, car ils ne manqueront pas d'escrivains, qui n'admire son inclination au putanisme et qui n'approuve qu'ils doivent estre enregistrés au bordel? » Cependant le train de vie débauchée qu'on menoit à l'hôtel de la reine Marguerite, n'a pas été décrit dans les mémoires contemporains, à moins qu'il ne faille en chercher une peinture allégorique dans quelque roman du genre de *l'Astrée*. On sait seulement que la reine, qui ne sortait presque jamais de son *pourpris amoureux*, s'y occupait de dévotion autant que de galanterie. Elle avait fait bâtir le couvent des Augustins à sa

porte, pour avoir, disait-on, des moines sous sa main.
Elle entretenait à son service quarante prêtres an-
glais, écossais ou irlandais, à quarante écus par an.
Elle distribuait tous les ans des dons considérables
à différentes communautés religieuses. Elle répan-
dait des aumônes avec une folle prodigalité, à laquelle n'eussent pas suffi des revenus dix fois plus
forts que les siens. Le but avoué de ces pieuses libéralités était de racheter tous les péchés qu'elle pourrait faire avec ses galants et ses mignons, notamment avec le dernier, qui fut un musicien, nommé
Villars, qu'on appelait *le roi Margot*. (Voy. les
Histor. de Tallemant des Réaux.) Néanmoins, Dupleix affirme que, « dans les amours de Marguerite,
il y avoit plus d'art et d'apparence, que d'effet; car
elle se plaisoit merveilleusement à donner de l'a-
mour, à s'en entretenir avec décence et discrétion, et
de voir et d'ouïr des hommes faisant les passionnés
pour elle, cela mesme se faisoit ordinairement par
manière de divertissement, selon la coustume de la
cour, où à grand'peine celui-là passe pour habile
homme, qui ne sait pas cajoler les femmes, ni pour
habile femme, qui ne sait pas donner quelque atteinte
au cœur des hommes. » On peut dire que la reine,
nonobstant ses œuvres pies et quoiqu'elle employât
souvent des sommes notables, au dire du P. Hilarion de Cosse, « pour marier des pauvres filles, »
tenait une école raffinée de Prostitution dans son
délicieux hôtel du faubourg Saint-Germain, où sa

petite cour, composée de poëtes, de philosophes, de musiciens, de gentilshommes libertins et de dames dévergondées, vivait comme elle dans le désordre, et se faisait gloire d'imiter son exemple en suivant ses leçons. Henri IV, à la fin du *Divorce satyrique*, lui souhaitait *quelque amendement*, et priait Dieu « de luy despartir quelque goutte de repentir, car, dit-il, sans lui, l'eau de cire et de chair, qu'elle alambique pour son visage, ne peut cacher ses imperfections, l'huile de jasmin dont elle oint chaque nuit son corps empescher la puante odeur de sa réputation, ni l'érésipèle qui souvent lui pèle les membres changer et despouiller sa vieille et mauvaise peau. »

Henri IV, il faut l'avouer, ne le cédait pas en libertinage à sa première femme ni à personne de son temps, et, quelles que fussent, d'ailleurs, les grandes qualités de ce prince, un des meilleurs rois qui aient gouverné la France, on est forcé de constater que l'histoire de ses amours et de ses débordements est une partie intégrante de l'histoire de la Prostitution au seizième siècle. « On peut dire, remarque Bayle dans son *Dictionnaire historique et critique*, que, si l'amour des femmes lui eust permis de faire agir toutes ses belles qualitez selon toute l'étendue de leurs forces, il auroit ou surpassé ou égalé les héros que l'on admire le plus. Si, la première fois qu'il débaucha la fille ou la femme de son prochain, il en eust été puni de la mesme manière que Pierre

Abélard, il seroit devenu capable de conquérir toute l'Europe. » Sans admettre, avec Bayle, que la passion effrénée de Henri IV pour les femmes fasse regretter pour son honneur qu'il n'ait pas été privé des moyens de la contenter, nous reconnaissons que ce grand roi a surpassé tous ses prédécesseurs sous le rapport des appétits charnels et de l'incontinence; mais nous croyons que ce fougueux *abatteur de bois*, ainsi qu'il se qualifiait lui-même, ne serait pas devenu, en cessant d'être un homme, un guerrier plus intrépide ni un politique plus consommé. Ses vices, comme ses qualités, étaient inhérents à son tempérament, et ses mœurs débauchées, qui ne différaient de celles de ses contemporains que par un excès de pétulance et d'ardeur, n'eurent pas d'influence funeste sur les bons mouvements de son cœur et sur les belles manifestations de son caractère. Dans une admirable lettre à Sully (voy. les *OEconomies royales*, édit. in-fol., t. III, p. 137 et 138), il se défend ainsi d'aimer trop *les dames*, *les delices et l'amour* : « L'Escriture n'ordonne pas absolument de n'avoir point de pechez ny defauts, d'autant que telles infirmitez sont attachez à l'impétuosité et promptitude de la nature humaine, mais bien de n'en estre pas dominez ny les laisser regner sur nos volontez : qui est ce à quoy je me suis estudié, ne pouvant faire mieux. Et vous sçavez, par beaucoup de choses qui se sont passées touchant mes maistresses (qui ont esté les passions que tout le monde a creu les plus puissantes sur moy), si je n'ay pas souvent maintenu vos opinions contre leurs fantaisies, jusques à leur avoir dit, lorsqu'elles faisoient les accariastres, que j'aymerois mieux avoir perdu dix maistresses comme elles, qu'un serviteur comme vous, qui m'estiez nécessaire pour les choses honorables et utiles. » Les historiens et les panégyristes d'Henri IV ne pouvaient se payer de ces excuses, et tous se sont accordés à blâmer, presque sans restriction, la prodigieuse licence de sa conduite : « Encore moins, dit Mézeray, l'histoire le pourroit-elle excuser de son abandonnement aux femmes, qui fut si public et si universel, depuis sa jeunesse jusqu'au dernier de ses jours, qu'on ne scauroit mesme luy donner le nom d'amour et de galanterie. » (*Abrégé chronol. de l'hist. de France,* t. VI, p. 392.) Le docte et vénérable évêque de Rodez, Hardouin de Péréfixe, qui écrivit l'*Histoire de Henri le Grand* pour l'éducation du roi Louis XIV, ne put se dispenser de reprocher aussi à son héros la *fragilité continuelle qu'il avoit pour les belles femmes* : « Quelquefois, ajoute-t-il avec une candeur qui va droit à l'indécence, il avoit des desirs qui estoient passagers et qui ne l'attachoient que pour une nuit; mais, quand il rencontroit des beautés qui le frapoient au cœur, il aimoit jusqu'à la folie, et dans ces transports il ne paroissoit rien moins que Henry le Grand. »

Agrippa d'Aubigné, qui, dans son *Histoire uni-*

verselle depuis 1550 jusqu'en 1601, n'a pas dédaigné de raconter en détail quelques-unes des aventures amoureuses du roi de Navarre, passe en revue,
dans la *Confession de Sancy*, les premières maîtresses de ce prince, maîtresses obscures ou de bas
étage, qui n'avaient eu qu'un règne éphémère et
souvent assez mal récompensé. Il commence par
rappeler les *infâmes amours* du Béarnais avec Catherine du Luc, d'Agen, « qui depuis mourut de faim,
elle et l'enfant qu'elle avoit du roy; » il parle ensuite de la demoiselle de Montaigu (fille de Jean de
Balzac, surintendant de la maison du prince de
Condé), que le chevalier de Montluc avait livrée à
la merci du prince de Navarre, par l'intermédiaire
d'un gentilhomme gascon, nommé de Salbeuf, « à
quoy il eut beaucoup de peine, » parce que la pauvre demoiselle était éprise du chevalier de Montluc,
qu'elle avait suivi jusqu'à Rome, et parce qu'elle
ressentait une profonde aversion pour le roi, « pour
lors plein de morp.... gagnés pour coucher avec
Arnaudine, garce du veneur Labrosse. » D'Aubigné
nomme après « la petite Tignonville, qui fut impre-
nable, avant d'estre mariée. » C'était la fille de la
gouvernante de la princesse de Navarre, sœur du
jeune Henri ; celui-ci en devint follement amoureux,
et sa passion ne fit que s'accroître par suite de la
résistance qu'il rencontra. Sully rapporte, dans ses
OEconomies royales, que, vers 1576, le prince s'en
alla en Béarn, sous prétexte de voir sa sœur, mais

personne n'ignorait à la cour que son voyage avait pour objet de retrouver la jeune Tignonville, « dont il faisoit lors l'amoureux. » Il voulait employer d'Aubigné à *maquignonner cette belle farouche ;* d'Aubigné refusa de se charger d'un pareil office, et le prince dut s'adresser ailleurs pour atteindre son but. Tignonville s'obstinait à ne rien entendre, avant d'être pourvue d'un mari, qui aurait pris sur son compte les suites de l'aventure : le prince de Navarre la maria enfin et obtint le droit de prélibation. Ce prince ne rougissait pas de descendre jusqu'à des chambrières et à des filles de basse-cour. Il avait pris une maladie vénérienne, en s'oubliant, dans une écurie d'Agen, avec la concubine d'un palefrenier, et à peine fut-il guéri, qu'il se glissait, pendant la nuit, dans la chambre d'une servante, qu'il disputait à un valet, nommé Goliath : ce *goujat*, ne soupçonnant pas qu'il avait pour rival le roi son maître, faillit le tuer, en lui lançant un estoc volant, au moment où Henri de Navarre sortait du lit de cette *yourgandine*. On comprend que, sous les auspices de semblables amours, le prince ait échoué dans ses tentatives contre la vertu de la demoiselle de Rebours, qui n'hésita pas à lui préférer l'amiral d'Anville, « qui l'aimoit plus honnestement. »

D'Aubigné ne fait que citer sommairement « les amours de Dayel, Fosseuse; Fleurette, fille d'un jardinier de Nérac; de Martine, femme d'un docteur de la princesse de Condé; de la femme de

Sponde; d'Esther Imbert, qui mourut, aussy bien que le fils qu'elle avoit eu de luy, de pauvreté, aussy bien que le pere d'Esther, mort de faim à Saint-Denys, poursuivant la pension de sa fille. » Viennent après les amours de *Maroquin*, vieille Gasconne débauchée, à qui on avait donné ce sobriquet « parce qu'elle avoit la peau grenée et quelque vérole » (voy. les *Aventures du baron de Fæneste*, liv. II, ch. 18); les amours d'une boulangère de Saint-Jean; de madame de Petonville; de la *Baveresse*, « nommée ainsi pour avoir sué; » de mademoiselle Duras; de la fille du concierge; de Picotin, *pancoussaire* (fournière) à Pau; de la comtesse de Saint-Mégrin; de la nourrice de Castel-Jaloux, « qui lui voulut donner un coup de couteau, parce que, d'un escu qu'il luy faisoit bailler par ceste dame, il en retrancha 15 sols pour la maquerelle, » et enfin, des deux sœurs de l'Espée. Le malin auteur de la *Confession de Sancy* n'a pas le projet de signaler toutes les intrigues galantes qui furent l'occupation de la jeunesse de Henri IV; ainsi, ne nomme-t-il pas la dame de Narmoutier, qui, selon les *Nouveaux Mémoires* de Bassompierre, ne serait pas la dernière de cette liste: il ne fait que citer quelques noms et quelques faits; il s'indigne d'avoir été le témoin, sinon le complice de ces excès qui répugnaient à son austérité de huguenot. La reine Marguerite, dans ses *Mémoires*, avait eu évidemment l'intention de justifier sa conduite personnelle, en accusant celle

du roi, mais on ne sait par quelles circonstances
elle s'est arrêtée au milieu de la rédaction de ces
Mémoires, qui devaient la défendre et qui n'ont
jamais été achevés; la partie qu'on en a publiée,
d'ailleurs, présente des lacunes regrettables, dans
lesquelles on remarque le dessein manifeste d'effacer ou du moins d'atténuer les griefs de l'é-
pouse à l'égard de son époux. Ces lacunes portent
donc sur les endroits les plus intéressants de l'histoire
secrète des amours du roi. Il faut que le manuscrit
original de la reine ait subi des retranchements considérables, auxquels il serait impossible de suppléer
à l'aide du livre des *Amours du grand Alcandre*, qui
commence seulement à l'année 1589. Nous trouve-
rons cependant à compléter et à rectifier, d'après les
Mémoires de Marguerite, tels que nous les possédons
tronqués et altérés, quelques-uns des aveux de la
Confession de Sancy.

Marguerite n'était pas mariée depuis deux ans,
que son frère, Henri III, l'avait déjà mise *en mauvais
ménage* avec le roi de Navarre, et que ce dernier se
brouillait avec le duc d'Alençon, son beau-frère,
« sur le subject de la jalousie de leur commun amour
de madame de Sauve (Charlotte de Beaune de Sem-
blancay). » Henri de Navarre aimait éperdument
cette dame, qui *se gouvernait* alors par les conseils de
le Guast, « usant de ses instructions non moins per-
nicieuses que celles de *la Célestine.* » Les deux
princes en étaient venus « à une si grande et véhé-

mente jalousie l'un de l'aultre, qu'encor qu'elle fust recherchée de M. de Guise, du Guast, de Souvray et plusieurs aultres, qui estoient tous plus aimez d'elle qu'eux, ils ne s'en soucioient pas. » La reine n'était pas jalouse de son mari, « ne désirant que son contentement; » une nuit, elle s'aperçut qu'il perdait connaissance, et elle lui porta des secours empressés, dans cette *fort grande foiblesse*, « qui lui venoit, comme je crois, dit-elle, d'excès qu'il avoit faits avec les femmes. » A cette époque, ils ne couchaient plus dans le même lit; et le roi, qui donnait tout son temps « à la seule volupté de jouir de la présence de sa maistresse, madame de Sauve, » ne rentrait dans la chambre nuptiale qu'à deux heures du matin, et se levait au point du jour pour aller rejoindre cette maîtresse. Le roi de Navarre obéit à regret aux devoirs de la politique, en s'éloignant de la cour et de madame de Sauve, mais il eut bientôt oublié l'enchanteresse, car « les charmes de cette Circé, dit Marguerite, avoient perdu leur force par l'esloignement. » La petite cour de Navarre devint, pendant deux ans, une sorte de cour plénière de la galanterie et de la Prostitution : la reine mère y était venue, accompagnée de sa fille Marguerite, afin de négocier avec les gentilshommes protestants, et elle resta dix-huit mois, en Guyenne et en Gascogne, à faire manœuvrer l'*escadron volant* de ses filles d'honneur. Dans une conférence qui eut lieu à Nérac entre les députés huguenots et Catherine de Médicis,

11.

celle-ci « pensoit les enchanter par les charmes des belles filles qu'elle avoit avec elle et par l'éloquence de Pibrac; Marguerite lui opposa les mesmes artifices, gagna les gentilshommes qui estoient auprès de sa mère, par les attraits de ses filles, et elle-mesme employa si adroitement les siens qu'elle enchaisna l'esprit et les volontez du pauvre Pibrac. » (*Hist. de Henri le Grand*, par Hardouin de Péréfixe.) Dans une autre conférence qui se fit au château de Saint-Brix près de Cognac, le roi de Navarre, qui avait plus d'une fois rendu les armes aux belles demoiselles de l'Escadron volant, se sentait plus aguerri contre ces ruses de guerre amoureuse : il était, en ce moment, assez mécontent de sa santé, à la suite d'une rencontre avec la *Maroquin*. Catherine de Médicis, environnée du gracieux état-major de ses filles, demanda, en souriant, à son gendre, soucieux et déconfit : « Qu'est-ce que vous voulez? — Il n'y a rien là que je veuille, madame ! » répondit tristement le prince en regardant toutes les beautés qu'on semblait lui offrir et qu'il se sentait forcé de refuser. (*Dict. hist. et crit.* de Bayle, article HENRI IV.)

Le roi avait été précédemment *fort amoureux* d'une de ces belles filles, si bien dressées par la reine mère « pour amuser les princes et les seigneurs, comme le dit Hardouin de Péréfixe, et pour descouvrir toutes leurs pensées. » Cette fille était la Dayelle, originaire de l'île de Chypre, qui gagna sa dot en amusant Henri de Navarre, et qui épousa ensuite

Jean d'Hemerits, gentilhomme normand. Dayelle n'a-
vait pas occupé le roi assez sérieusement pour le
distraire de ses amourettes vagabondes : il eut aussi
des *bontés*, en passant, pour la femme du savant Mar-
tinius, professeur de grec et d'hébreu, qui voulait
bien croire que sa *Martine* et le roi « ne poussoient
pas les choses plus loin que le jeu, » dit Colomiez
(dans sa *Gaule orientale,* p. 93). Après le départ de
Dayelle, « le roy, raconte Marguerite, s'estoit mis à
rechercher Rebours (fille d'un président au parlement de Paris), qui estoit une fille malicieuse, » qui
n'aimait pas la reine et qui lui faisait les plus mauvais offices qu'elle pouvait. Cette fille, qui mourut
peu de temps après à Chenonceaux, où Marguerite
vint la visiter et lui pardonna, avait donné un rival
au roi, dans l'espoir de faire un mari de cet amant,
qui se nommait Geoffroy de Buade, seigneur de
Frontenac. La Rebours n'était pas encore morte, que
le roi « commença à s'embarquer avec Fosseuse, qui
estoit plus belle et pour lors toute enfant et toute
bonne. » Françoise de Montmorency, dite la *belle Fosseuse,* parce que son père était baron de Fosseux,
était une des filles de la reine mère; mais elle consentit à entrer dans la maison de la reine Marguerite, pour se rapprocher du roi, qu'elle aimoit *extré-
mement,* quoiqu'elle ne lui eût « permis que les pri-
vautez que l'honnesteté peut permettre; » mais Henri
fut encore une fois jaloux de son beau-frère, le duc
d'Alençon, qui courtisait en même temps la Fosseuse :

elle, « pour luy oster la jalousie qu'il avoit et luy faire connoistre qu'elle n'aimoit que luy, s'abandonne tellement à le contenter en tout ce qu'il vouloit d'elle, que le malheur fut si grand qu'elle devint grosse. » Marguerite prêta les mains à cacher cette grossesse, et ce fut elle qui reçut l'enfant que la Fosseuse mit au monde ; cette fille se promettait pourtant de supplanter la reine et d'épouser un jour le père de son enfant. Mais l'enfant ne véout pas ; et la mère, délaissée comme toutes celles à qui elle avait succédé, épousa, sous le bon plaisir du roi, François de Broc, seigneur de Saint-Mars.

Ce fut Diane, dite Corisande d'Andouins, vicomtesse de Louvigny et dame de Lescur, qui prit la place de la Fosseuse. Sully, dans ses Mémoires, dit, en parlant des événements de l'année 1583, que le roi de Navarre « estoit alors au plus chaud de ses passions amoureuses pour la comtesse de Guiche. » Corisande d'Andouins, mariée en 1567 à Philibert de Grammont, comte de Guiche, était devenue veuve en 1580, et n'avait pas résisté longtemps aux pressantes assiduités du roi, qui la poursuivait depuis quinze ans. Corisande n'était plus jeune, mais elle était toujours belle. Agrippa d'Aubigné nous la représente allant à la messe à Mont-de-Marsan, vêtue d'une robe verte et suivie du plus étrange cortége : « Je vois cette femme, qui est de bonne maison, qui tourne et remue ce prince comme elle veut : la voilà qui va à la messe, un jour de feste, accompagnée, pour tout potage, d'un singe, d'un barbet et d'un bouffon. » La passion du roi pour cette belle dame, qui n'avait pas moins de trente-cinq ou quarante ans, dura jusqu'en 1589. Il lui écrivait de Marans, en 1587 : « Mon ame, tenez moy en vostre bonne grace; croyez ma fidélité estre blanche et hors de tache. Il n'en fut jamais sa pareille; si cela vous porte contentement, vivez heureuse. » Il pensait à divorcer, vers cette époque, pour épouser sa maîtresse, à laquelle il avait donné une promesse de mariage signée de son sang; mais il en fut détourné par d'Aubigné, qui eut le courage de lui dire : « Je ne prétends pas que vous renonciez à votre passion. J'ai été amoureux; je sais ce que vous souffririez. Mais servez-vous-en, sire, comme d'un motif qui vous excite à vous rendre digne de votre maîtresse, qui vous mépriserait, si vous vous abaissiez jusqu'à l'épouser ! » Corisande eût réussi peut-être à l'emporter sur les sages conseils d'Agrippa d'Aubigné, si le roi fût resté auprès d'elle ; mais les hasards de la guerre le conduisirent en Normandie, où « il passa par la maison d'une dame veuve, qui tenoit grand rang, dit l'auteur anonyme des *Amours du grand Alcandre;* elle estoit fort belle et encore jeune, et parut si aimable aux yeux du roy, » qu'il cessa d'aimer la maîtresse absente, qui l'attendait et qui ne le revit plus.

Cette dame veuve était Antoinette de Pons, qui avait été mariée à Henri de Tilly, comte de la Rocheguyon. Elle tint bon, et défendit si bien sa vertu, que le roi lui parla de mariage, comme aux autres; mais elle ne se laissa pas prendre à ce piége, et le roi ne se trouva pas plus avancé qu'auparavant. Il fut piqué de sa furieuse résistance, mais il l'en estima davantage; et, plus tard, la vertueuse veuve épousa en secondes noces Charles du Plessis, seigneur de Liancourt. Henri, en abandonnant, de guerre lasse, ses poursuites galantes, avait dit à la comtesse de la Rocheguyon, que comme elle était « réellement dame d'honneur, elle le seroit de la roine qu'il mettroit sur le trône par son mariage. » (Voy. les *Mém. et anecd. des reines et régentes de France*, par Dreux du Radier.) Cependant, on est fondé à croire que, nonobstant ses refus, la dame d'honneur avait eu de l'amour ou quelque chose de semblable pour son adorateur; elle manifesta de la jalousie à l'égard de Gabrielle d'Estrées, dame de Liancourt, qui était devenue la favorite du roi, car elle posa pour condition de son mariage avec Charles du Plessis, seigneur de Liancourt, « qu'elle ne porteroit jamais le nom de Liancourt, puisqu'une putain portoit le mesme nom. » (Voy. les *Observat. sur le Grand Alcandre* et sa clef, dans le *Journal de Henri III*, édit. de Lenglet-Dufresnoy.) Le roi la fit taire, en lui accordant le titre de marquise de Guercheville. Il l'avait véritablement aimée, mais il ne s'était pas, pour cela, imposé une continence qu'il jugeait inutile ou ridicule. Il se consolait donc des

chagrins que lui causait l'intraitable comtesse de la
Rocheguyon, en fréquentant Charlotte des Essarts,
comtesse de Romorentin, fille naturelle du baron de
Sautour, écuyer de son écurie. Il en eut deux filles,
qui furent légitimées. Cette beauté, moins cruelle
que la veuve normande, était en même temps la
maîtresse du cardinal de Guise (Louis de Lorraine),
fils du grand-duc de Guise tué aux états de Blois;
mais le roi ne soupçonnait rien du partage. Pendant le blocus de Paris, en 1590, comme il logeait
avec ses officiers dans l'abbaye de Montmartre, il
avait eu occasion de remarquer une jolie novice,
fille du comte de Saint-Aignan et de Marie Babou
de la Bourdaisière; il n'eut pas de peine à l'*appri-
voiser*, tout en se divertissant avec les autres religieuses; et quand il leva le siége, il emmena sans
façon la jeune Marie de Beauvilliers, qu'il promena
quelque temps avec lui, de ville en ville, sans qu'elle
eût quitté le costume monastique; puis, cette fantaisie
passée, il renvoya la *nonnain* dans son couvent, où
il continua encore à la voir de temps à autre, lorsqu'il l'eut fait élire abbesse de Montmartre. « Le
roy, dit-on, se trouva si bien avec l'abbesse, qu'autant de fois qu'il parloit de ce couvent, il l'appeloit
son monastère et disoit qu'il y avoit esté religieux. »
(*Antiq. de Paris*, par Sauval, t. I, p. 154.) Henri IV
ne s'était pas si bien trouvé de son séjour dans
l'abbaye de Longchamp, où une religieuse, nommée
Catherine de Verdun, qu'il récompensa pourtant en

la nommant abbesse de Vernon, « lui avoit laissé, dit Bassompierre, un *souvenez-vous de moi,* » dont il ne parvenait pas à se débarrasser. Voilà pourquoi on avait appelé les abbayes de Longchamp et de Montmartre *le Magasin des engins de l'armée.* (*Confession de Sancy,* liv. I, ch. 8.) Il avait besoin alors d'un amour plus exclusif et plus romanesque, pour subir avec patience les ordonnances des médecins, qui lui avaient prescrit un repos nécessaire au rétablissement de sa santé. Ses anciennes débauches avaient porté leurs fruits, et l'on disait que le roi, dont le sang était gâté par le mal de Naples, devait se recommander à ses apothicaires plutôt qu'à ses maîtresses. Les prédicateurs de la Ligue ne tarissaient pas en chaire sur ce texte peu catholique. Roze, qui prêchait à Saint-Germain-l'Auxerrois, disait à ses auditeurs, «que pendant que ceste bonne roine, ceste sainte roine (entendant la royne de Navarre), estoit enfermée entre quatre murailles (à Usson), son mary avoit un haras de femmes et de putains, mais qu'il en avoit esté bien payé... » L'éditeur des *Mémoires* de l'Estoile, dans lesquels ce passage figure, à la date du 12 octobre 1592, met en note : « La fin de cette phrase, qui ne peut être imprimée, existe à la page 288 du manuscrit. » Le 6 juin 1593, le cordelier Feu-Ardent, qui prêchait à Saint-Jean, vomissait mille injures contre le roi, et disait qu'un jour il serait foudroyé ou *crèverait* subitement : « Aussi bien, ajoutait-il, il a déjà le bas du ventre tout pourri de ce que vous savez. »

Que les prédicateurs *ligueux* dissent vrai ou non, Henri IV était, vers cette époque, l'amant ou, du moins, le *poursuivant* de Gabrielle d'Estrées. Cette charmante personne, une des filles d'Antoine d'Estrées, marquis de Cœuvres, et de Françoise Babou de la Bourdaisière, habitait avec ses sœurs le château de son père, près de Compiègne. Roger de Saint-Lary, duc de Bellegarde, grand écuyer et favori du roi, entretenait avec elle des relations secrètes qui n'avaient fait qu'augmenter leur amour mutuel. La demoiselle de Cœuvres était admirablement belle, et son portrait n'est pas moins ressemblant dans ces vers de Guillaume du Sable, que dans les *crayons* de Pierre Dumoustier et de Jean Rabel :

Mon œil est tout ravy, quand il voit et contemple
Ses beaux cheveux orins, qui ornent chaque temple,
Son beau et large front et sourcils ébenins,
Son beau nez decorant et l'une et l'autre joue,
Sur lesquelles Amour à toute heure se joue,
Et ses beaux brillants yeux, deux beaux astres benins.

Heureux qui peut baiser sa bouche cinabrine,
Ses levres de corail, sa denture yvoirine,
Son beau double menton, l'une des sept beautez,
Le tout accompagné d'un petit ris folastre,
Une gorge de lys sur un beau sein d'albastre,
Où deux fermes tetins sont assis et plantez !

Guillaume du Sable, vieux gentilhomme de la vénerie royale, qui avait fait son apprentissage sous François Ier, et qui était un fin connaisseur en matière

de *beauté de dames*, selon l'expression de Brantôme, n'oublie pas dans ce portrait, qui orne sa
Muse chasseresse (Paris, 1611, in-12), les autres
perfections de Gabrielle : *sa main blanche et polie,
ses beaux doigts longs, perleux*, sa belle taille, sa
bonne grâce, et enfin,

> Ces petits pieds ouverts, rendant bon tesmoignage
> Quel est le demeurant du rare personnage.

Il est probable que ce fut Marie de Beauvilliers
qui parla d'abord de sa cousine de Cœuvres à
Henri IV, et qui lui inspira ainsi un violent désir
de la connaître. On dit pourtant, dans les *Amours du
grand Alcandre*, que Bellegarde ayant eu la mal-
adresse de louer devant le roi la beauté singulière de
cette demoiselle, l'éloge fit impression sur Henri IV,
qui éprouva la curiosité de la voir, et qui en fut
amoureux dès qu'il l'eut vue. Il congédia brusquement la marquise d'Humières, qui s'était donnée à
lui avec beaucoup trop d'empressement, et il se
déclara le serviteur de Gabrielle. Bellegarde en fut
très-contrarié. Gabrielle, qui avait le cœur touché
pour Bellegarde, se montrait d'abord tout à fait
rétive à l'endroit d'un nouvel amour; mais elle
avait des sœurs plus expérimentées et plus politiques, qui lui firent comprendre qu'elle retrouverait
cent Bellegarde quand elle le voudrait, tandis qu'elle
ne trouverait pas un second roi de France. Il est
permis de supposer que Bellegarde lui-même, qui

ne visait pas au mariage avec la fille du marquis de
Cœuvres, ne fit rien pour détruire l'effet de ces conseils, si toutefois il n'y ajouta pas les siens. Gabrielle
avait, en outre, une tante maternelle, madame de
Sourdis, sortie de cette famille des Babou de la
Bourdaisière qui engendait tant de femmes de joie,
au dire de Sully. Cette tante était la digne sœur de
madame d'Estrées, que son mari montrait du doigt
aux *familiers* de la maison, leur disant : « Voyez-
vous cette femme, elle me fera un clapier de putains
dans ma maison ! » (*Observat. sur le Grand Alcandre*,
dans le *Journ. de Henri III*, édit. de Lenglet-Dufresnoy.) Madame de Sourdis, de concert avec son
amant le chancelier Huraut de Cheverny, disposa si
habilement sa mère à écouter les propositions du
roi, que Bellegarde fut mis de côté, et que Gabrielle
accepta le rôle de favorite. Henri IV était si vivement épris d'elle, que, ne pouvant plus supporter
le tourment de l'absence, il quitta un jour son armée habillé en paysan, traversa seul la Picardie,
au risque de tomber entre les mains des ligueurs,
et parut devant Gabrielle, toujours déguisé, une
botte de paille sur la tête et un bâton à la main. Les
lettres qu'il adressait tous les jours à sa maîtresse, à
travers les épisodes d'une guerre aventureuse, sont
si pleines de passion et de délicate tendresse, qu'elles
demandent grâce pour le désordre même des deux
amants; mais ces lettres touchantes ne servent qu'à
mieux faire ressortir le scandale de la conduite du

roi, qui, tout amoureux qu'il fût de Gabrielle, courait encore de maîtresse en maîtresse.

Cependant Gabrielle était enceinte, et il fallait un mari pour couvrir cette réputation que Bellegarde et le roi avaient mise à mal. Quoique le roi « n'en eût pas eu les gants, » comme on le disait encore du temps de Tallemant des Réaux, il s'occupa de chercher le mari et trouva un gentilhomme picard, Nicolas d'Amerval, seigneur de Liancourt, qui consentit à épouser. Gabrielle avait fait jurer au roi que, le jour même des noces, il viendrait la soustraire à la domination conjugale. Le mariage eut lieu; mais un obstacle imprévu empêcha Henri IV de venir, comme il l'avait promis, et l'époux eut le temps de réclamer ses droits; « toutesfois, dit-on dans les *Amours du grand Alcandre,* elle ne se vouloit jamais coucher, si bien que son mari, pensant estre plus autorisé chez lui que dans la ville où il avoit esté marié et dont le père de Gabrielle estoit gouverneur, il l'emmena ; mais elle se fit si bien accompagner de dames, ses parentes, qui s'estoient trouvées à ses noces, qu'il n'osa vouloir que ce qui lui plut. » Le lendemain, le roi arriva et délivra la nouvelle mariée; peu de temps après, elle accoucha d'un fils, que le roi ne fit pas appeler *Alexandre ,* dit Tallemant des Réaux, « de peur qu'on ne dist *Alexandre le Grand ;* car on appeloit M. de Bellegarde *monsieur le Grand ;* et apparemment, il y avoit passé le premier. » Néanmoins, Henri IV légitima César de Vendôme, le jour même (7 janvier 1595) où le mariage de Gabrielle d'Estrées avec le seigneur de Liancourt fut cassé et déclaré nul par l'official d'Amiens. Gabrielle, qui avait d'abord porté le titre de *marquise de Monceaux*, reçut plus tard celui de *duchesse de Beaufort*. Le roi, qui dans ses lettres l'appelait *mon cher cœur* ou *mes chères amours*, la nommait publiquement *mon bel ange*, ce qui donna lieu à ce quatrain :

> N'est-ce pas une chose estrange
> De voir un grand roy serviteur,
> Les femmes vivre sans honneur,
> Et d'une putain faire un ange !

La conduite de la duchesse de Beaufort n'était rien moins que régulière ; mais, quoique ses mœurs fussent très-décriées dans le peuple, qui l'avait surnommée *la putain du roi*, ainsi que la qualifiaient en chaire les prédicateurs de la Ligue et notamment Guarinus, il est difficile de prendre à la lettre les accusations qui sont accumulées contre Gabrielle dans les *Nouveaux Mémoires* de Bassompierre, publiés pour la première fois en 1803. Suivant ces Mémoires, dont l'authenticité est loin d'être garantie, Gabrielle aurait été prostituée, dès l'âge de seize ans, par sa propre mère, au roi Henri III, moyennant une somme de six mille écus, et Montigny, l'intermédiaire de la négociation, garda le tiers de la somme ; ensuite, la marquise de Cœuvres vendit sa fille à Zamet, riche financier, et à quelques autres partisans ; puis, Gabrielle, livrée au cardinal de Guise à beaux deniers comptants, se donna elle-même, de son plein gré et gratis, au duc de Longueville, au duc de Bellegarde et à différents gentilshommes des environs de Cœuvres, tels que Brunet et Stenay ; enfin, Bellegarde avait fini par la prostituer au roi. (Voy. l'*Hist. de Paris* de Dulaure, édit. in-12, t. V, p. 189 et suiv.) Mais on pourrait prouver aisément que Bassompierre ou l'auteur des Nouveaux Mémoires imprimés sous son nom a confondu les personnes, les faits et les époques. Il a peut-être attribué à Gabrielle seule toutes les galanteries dont ses sœurs et ses parentes étaient responsables ; car, dans la maison de la Bourdaisière, dit Tallemant des Réaux, « la race la plus fertile en femmes galantes qui ait jamais été en France, on en compte jusqu'à vingt-cinq ou vingt-six, soit religieuses, soit mariées, qui toutes ont fait l'amour hautement : de là vient qu'on dit que les armes de la Bourdaisière c'est une *poignée de vesces* (femmes de mauvaise vie), car il se trouve, par une plaisante rencontre, que dans leurs armes il y a une main qui sème de la vesce. On fit sur leurs armes ce quatrain :

> Nous devons benir ceste main
> Qui sème avec tant de largesses,
> Pour le plaisir du genre humain,
> Quantité de si belles vesces. »

Gabrielle, devenue la maîtresse en titre du roi,

n'entretenait pas moins des relations secrètes avec
son ancien amant, M. de Bellegarde, qu'elle aimait toujours; mais elle avait congédié, à dessein
et non sans éclat, tous les hommes que la chronique scandaleuse lui donnait pour galants. Ainsi
s'était-elle brouillée avec le duc de Longueville,
après qu'elle lui eut fait rendre les lettres qu'il avait
d'elle, et l'on assure qu'elle se vengea cruellement
des indiscrétions de ce seigneur, qui se vantait d'a-
voir été « le maréchal des logis du roi. » Quoi qu'il
en fût, Henri IV n'était jaloux que de Bellegarde;
« il commanda dix fois qu'on le tuât, dit Tallemant
des Réaux; puis, il s'en repentoit, quand il venoit à
considérer qu'il la lui avoit ôtée. » Une nuit, M. de
Praslin vint avertir le roi, que Bellegarde se trouvait
enfermé dans la chambre de la duchesse de Beaufort. Le roi se lève tout tremblant de colère; il
s'habille à la hâte, met l'épée à la main, et suit
M. de Praslin, en soupirant; mais, quand il fut arrivé
à l'entrée de l'appartement de la duchesse, il eut
un remords et s'arrêta : « Ah! dit-il, cela la fâche-
roit trop! » Et il retourna se coucher, sans avoir
troublé le tête-à-tête des deux amants. Une autre
fois, Bellegarde et la duchesse étaient encore ensemble et n'attendaient pas le roi; Henri IV se présente
à la porte et veut qu'on la lui ouvre : il n'y avait
pas d'issue pour faire sortir Bellegarde. La duchesse
invente toutes sortes de prétextes pour forcer le roi
à s'éloigner; mais il insiste, il ordonne, il se fâche.

La femme de chambre de Gabrielle (c'était une fille nommée la Rousse, qui savait merveilleusement son métier) fait entrer Bellegarde, à demi vêtu, dans un petit cabinet attenant à la ruelle et destiné à serrer des confitures, des épices et des dragées. On introduit alors le roi, qui regarde d'un air défiant les indices accusateurs que son rival a laissés en fuyant. Il s'assied en silence, et tout à coup, se plaignant de la faim, il demande des confitures; il va droit à la porte du cabinet, la trouve fermée, en réclame la clef, qu'on ne lui donne pas, et menace de jeter cette porte en dedans, si cette clef se fait attendre. Bellegarde a eu le temps d'achever sa toilette et de sauter par la fenêtre : c'est la Rousse qui se montre alors et qui déconcerte les soupçons du roi. « Je vois bien, sire, lui dit Gabrielle, qui reprend l'avantage, je vois bien que vous me voulez traiter comme les autres que vous avez aimées, et que votre humeur changeante veut chercher quelque sujet de rompre avec moi; ce que je préviendrai en me retirant tout à l'heure. » Elle fond en larmes, que le roi essuie sous ses baisers, en la conjurant de se calmer et de lui pardonner. C'est ainsi que l'aventure est rapportée dans les *Amours du grand Alcandre*. La tradition populaire y avait ajouté quelques traits plus conformes au caractère de Henri IV. Suivant le récit qui a été répété par tous les faiseurs d'Ana, Bellegarde se serait caché sous le lit de Gabrielle, et le roi en prenant la place que venait de quitter son

grand écuyer, aurait demandé des confitures sèches ;
la Rousse lui ayant apporté plusieurs boîtes, le roi
en jeta une sous le lit : « Il faut bien, dit - il gaiement à sa maîtresse, il faut bien que tout le monde
vive ! » (Voy. le *Menagiana*, t. II, p. 71.)

On avait fait courir le bruit que la naissance de
César, duc de Vendôme, ne pouvait pas être mise
sur le compte du roi ; une anecdote, que Sully n'a
pas craint d'admettre dans ses Mémoires, semble-
rait être la source de ce bruit calomnieux. Alibour,
premier médecin du roi, ayant visité Gabrielle, qui
était indisposée, vint annoncer à Henri IV, « qu'il
lui avoit trouvé un peu d'émotion, mais que son
mal n'auroit que d'heureuses suites. » Le roi demanda s'il fallait la saigner : « Sire, je n'ai garde,
il faut attendre qu'elle soit à mi-terme, répondit
Alibour. — Que voulez-vous me dire, bonhomme?
répondit le roi en colère; rêvez-vous? et s'agit-il ici
de grossesse? Je sais les termes où j'en suis : ou
vous n'y connaissez rien, ou de plus méchants que
vous, vous font parler. — Sire, j'ignore, moi, les
termes où vous en êtes, repartit Alibour, mais je
sais qu'avant sept mois ce que je dis se vérifiera. »
La prédiction du médecin se vérifia, en effet : Gabrielle accoucha, mais Alibour ne survécut guère à
cet événement : on disait qu'il avait été empoisonné.
Tallemant des Réaux a donné l'explication de cette
anecdote, si souvent invoquée contre la mémoire
de Gabrielle, dans ce passage que M. Paulin Paris

a rétabli, dans son édition, d'après le manuscrit original : « La vérité du conte du bonhomme Alibour, premier médecin du roy, est que Henry IV° avoit une gonorrhée qui luy engendra une carnosité et ensuite une rétention d'urine dont il faillit mourir à Monceaux. Et M. d'Alibour disoit que le roy n'estoit pas capable d'engendrer durant ce flux corrompu de semence. C'estoit une question de médecine ; mais la grossesse de madame de Beaufort estoit bien avancée, quand on esmeut cette question. » (Voy. les *Histor.*, 3° édit., t. I, p. 112.) Le fils aîné de Gabrielle n'en fut pas moins légitimé de France, comme son frère Alexandre et sa sœur Catherine-Henriette. Leur mère aurait certainement épousé le roi, si elle n'était pas morte empoisonnée pendant qu'on travaillait en cour de Rome à faire casser le mariage de Henri IV et de Marguerite de Valois. M. de Sancy tomba en disgrâce pour avoir osé dire au roi, qui le consultait sur son projet de se remarier avec madame de Beaufort, que, « putain pour putain, il aimeroit mieux la fille de Henri II, que celle de madame d'Estrées, qui étoit morte au bordel. » (Voy. l'historiette de Sully, dans Tallemant des Réaux.) Sully, qui n'était pas moins contraire que M. de Sancy à cette honteuse mésalliance et qui la combattit avec plus de politique, affirme néanmoins, dans ses Mémoires, que « le roy ne se fust jamais résolu d'espouser une femme de joye. »

Plus Henri IV témoignait de folle passion pour

son *bel ange*, plus l'opinion publique se prononçait avec énergie contre la favorite, que le mariage n'eût jamais réhabilitée. Ses amours avec le duc de Bellegarde étaient si connues, même dans le bas peuple, qu'on y entendait souvent ce dicton proverbial, qui nous a été conservé dans le *Banquet et après-dîné du comte d'Arete*, pamphlet du fameux ligueur Louis d'Orléans : « Les belles gardes s'accompagnent volontiers de beaux fourreaux. » Les Parisiens, chez lesquels fermentait toujours le levain de la Ligue, détestaient la duchesse de Beaufort, à cause des mauvaises mœurs qu'ils lui attribuaient dans leurs propos et leurs *pasquils;* la haine que cette favorite avait excitée contre elle, rejaillissait aussi sur le roi : « Le peuple, écrivait P. de l'Estoile à la date du 23 avril 1596, le peuple, qui de soy est un animal testu, inconstant et volage, autant de bien qu'il avoit dit de son roy auparavant, commença à en dire du mal, prenant occasion sur ce qu'il s'amusoit un peu beaucoup avec madame la marquise. » Dans un pasquil *très-vilain et scandaleux*, qui courait alors, il y avait des vers où le roi n'était pas plus épargné que sa maîtresse :

Ha ! vous parlez de vostre roy !
— Non, fais, je vous jure, ma foy !
Par Dieu! j'ay l'ame trop réale:
Je parle de Sardanapale.
Com' sempre star in bordello,
No fà Hercole immortello
Au royaume de Conardise,

Où, par madame la Marquise,
Les grans noms sont mis à morceaux
Et toute la France en morceaux,
Pour assouvir son putanisme.

Tous les honnêtes gens, tous les bons citoyens s'indignaient à l'idée de l'union du roi avec une femme déshonorée qui tranchait déjà de la reine de France. Un satirique publia ce huitain au sujet de ce beau mariage, qui n'existait encore qu'en promesse signée de la main de Henri IV :

Mariez-vous, de par Dieu ! sire,
Votre heritier est tout certain,
Puisqu'aussy bien un peu de cire
Legitime un fils de putain :
Putain dont les sœurs sont putantes,
La grand'mère le fut jadis,
La mère, cousines et tantes,
Horsmis madame de Sourdis !

Madame de Sourdis, comme nous l'avons dit plus haut, était la bien-aimée du vieux chancelier de Cheverny, et elle en eut un fils, que le roi tint sur les fonts à Saint-Germain-l'Auxerrois : « Sire, lui dit la sage-femme en lui remettant l'enfant, avisez à le bien porter, car il est fort pesant. — Je ne m'en étonne pas, repartit Henri IV, les sceaux lui pendent au cul! » Gabrielle n'eut pas le temps d'en venir à ses fins : elle fut emportée, en quelques heures, par une maladie subite qui avait tous les caractères d'un empoisonnement. Ses envieux et ses ennemis ne lui pardonnèrent pas même après sa mort : comme, à ses obsèques, le deuil était conduit par son beau-frère, le maréchal de Balagny, fils naturel d'un évêque de Valence, et que ses six sœurs, « plus dissolues qu'elle encore, » assistaient à cette cérémonie funèbre, le poëte Sigogne composa ce sixain, que Sauval a recueilli dans les *Amours des rois de France :*

> J'ay vu passer sous ma fenestre
> Les six Pechez mortels vivants,
> Conduits par le bastard d'un prestre,
> Qui tous ensemble alloient chantants
> Un *Requiescat in pace*
> Pour le septiesme trespassé.

Henri IV ne pouvait vivre sans une maîtresse en titre, ce qui ne l'empêchait pas de prendre autant de maîtresses *volantes* qu'on lui en présentait. Madame de Beaufort était à peine inhumée, que les courtisans se disputaient à qui lui donnerait une héritière dans les bonnes grâces du roi : on trouva mademoiselle Henriette d'Entragues. Elle était fille de cette belle et douce Marie Touchet qui avait été aimée de Charles IX et qui fut mariée avec François de Balzac, seigneur d'Entragues. Cette demoiselle, âgée de dix-neuf à vingt ans, ne se distinguait pas moins par son esprit que par sa beauté; elle avait surtout, dit Sully, « ce bec affilé, qui, par ses bonnes rencontres, rendoit sa compagnie des plus agréables. » Mademoiselle d'Entragues fut si bien recommandée au roi par les personnes qui voulaient en faire une favorite, que le roi éprouva aussitôt le désir « de la voir, puis de la revoir, puis de l'aimer. » Il l'aima, dès qu'il l'eut vue; et mademoiselle d'Entragues, docile aux leçons de sa mère, et surtout de son frère, se laissa volontiers aimer. Elle n'en était pas, dit-on, à son apprentissage; cependant elle marchanda longtemps les dernières faveurs, que Henri IV réclamait avec toute l'ardeur d'un amant et toute l'autorité d'un roi. Il y eut, a ce sujet, un des plus monstrueux trafics de prostitution, que nous fournisse l'histoire des amours des rois. La famille d'Entragues, le père, la mère, leurs amis et leurs conseillers auraient été plus ou moins mêlés à ces honteuses négociations, dont le but était un marché impudique. On demandait cent mille écus de la vertu de mademoiselle d'Entragues. Quelques mémoires rapportent que la somme fut réduite à cinquante mille. Dans tous les cas, on tomba d'accord sur le prix; mais on ne s'en tint pas à l'argent : mademoiselle d'Entragues, par le conseil de ses père et mère, demandait une promesse de mariage, sous cette étrange condition qu'elle fournirait au roi un enfant mâle dans le délai d'une année! « Je suis observée de si près, disait Henriette d'Entragues à son amant, qu'il m'est absolument impossible de vous accorder toutes les preuves de reconnaissance et d'amour, que je ne puis refuser au plus grand roi du monde. Il faut une occasion; et je vois bien que nous n'aurons jamais de liberté, si nous ne l'obtenons de M. et madame d'Entragues. » Ceux-ci consentaient à fermer les yeux, dès qu'ils auraient en mains la promesse de mariage signée et scellée en bonne forme. « Cette pimpèche et rusée femelle sut si bien cajoler le roy, » dit Sully, que la promesse fut souscrite et donnée « pour la conqueste d'un trésor que peut-estre il ne trouveroit pas. » Sully eut le courage de faire tous ses efforts pour détourner son maître de cette folie amoureuse, qui menaçait de lui coûter plus de cent mille écus; il déchira même la promesse de mariage, que lui montrait le roi : « Si vous vouliez bien vous rappeler, lui dit-il avec fermeté, ce que vous m'avez dit autrefois de cette fille et de son frère le comte d'Auvergne, du vivant de madame la duchesse (de Beaufort); des propos que vous me teniez tout haut, et des ordres dont vous me chargeastes de faire sortir de Paris tout ce bagage (car c'estoit ainsy que vous vous exprimiez en parlant alors de la maison de M. et madame d'Entragues), vous pousseriez plus loin ce doute où vous estes, et compteriez encore moins de trouver la pie au nid, et, en tout cas, vous penseriez que ce n'est pas une pièce qui mérite d'estre achetée cent mille escus, et Dieu veuille qu'il ne vous en couste pas davantage un jour à venir! »

Ces conseils, émanés d'un bon et loyal serviteur, étaient soutenus par toutes les distractions galantesque

pouvait imaginer le parti contraire à mademoiselle
d'Entragues. Tous les jours on *produisait* de nouvelles filles, qui, choisies parmi les plus jolies et les
plus séduisantes, ne servaient, en quelque sorte, qu'à
exciter encore plus la passion du roi pour mademoiselle d'Entragues. « Il ne possédoit pas encore
mademoiselle d'Entragues, dit Bassompierre dans
ses *Mémoires*, et couchoit parfois avec une belle
garce nommée la Glandée. » Il allait passer la nuit à
l'hôtel de Zamet, où on la lui amenait. La Glandée
fut bien vite détrônée par la Fanuche.

Tallemant des Réaux, qui nous a révélé de si
neuves et si curieuses particularités sur Henri IV,
rapporte un bon mot, un peu libre, de ce prince,
au sujet de la Fanuche, qu'on lui avait présentée
comme une vierge et qui n'en était pas à son apprentissage. (Voy. l'édit. des *Historiettes*, publiée avec
commentaires par MM. Monmerqué et Paulin Paris,
membres de l'Académie des inscriptions et belles-
lettres, t. Iᵉʳ.)

Cette Fanuche fut longtemps une courtisane à la
mode dans le grand style de la belle Impéria et des
courtisanes italiennes; elle était renommée surtout à
cause de son beau corps et de ses perfections secrètes.
Un quatrain, imprimé en 1637 dans la seconde partie
des *Poésies et rencontres* du sieur de Neuf-Germain,
poëte *hétéroclite* de Gaston d'Orléans, nous prouve
que Fanuche, à cette époque (elle avait alors plus
de quarante ans), était encore digne des hommages

de ses admirateurs et des éloges de la poésie galante.

Mais Henri IV ne se contentait pas de ces amours de passage : il voulait une maîtresse à poste fixe, il avait le cœur pris, il eût donné la moitié de son royaume pour posséder mademoiselle d'Entragues. Il la posséda, moyennant la promesse de mariage et un don de cent mille écus. On lui fit crédit pour la somme. Quand il fallut payer, il s'exécuta en rechignant ; et il ordonna d'apporter dans son cabinet ces belles espèces sonnantes, qu'on étala devant lui sur le plancher : « Ventre-saint-gris ! s'écria-t-il en voyant ces monceaux d'or à ses pieds, voilà une nuit bien payée ! » Il s'attacha dès lors à cette conquête, qui lui avait coûté si cher, et il éleva mademoiselle d'Entragues au rang de favorite, sans se faire faute de s'éparpiller çà et là en infidélités, qui ne le rendaient ni moins tendre ni moins empressé pour elle.

Son divorce avait été prononcé en cour de Rome, mais, quelque puissant que fût son amour, il s'était laissé engager dans une alliance politique, et il épousa Marie de Médicis, en 1600. Mademoiselle d'Entragues, qui s'était inutilement opposée à cette union, mit tout en jeu pour conserver son titre et ses fonctions de favorite, en renonçant à devenir reine de France. Henri IV l'avait créée marquise de Verneuil, et il ne paraissait nullement résolu, malgré son mariage, à cesser des relations qu'il préférait à toutes les autres.

Cependant Henriette de Balzac, dont le caractère violent, souple et despote à la fois, avait exercé un grand empire sur le roi, ne lui épargnait pas les gronderies et les mauvais compliments; elle lui dit, un jour, « que bien lui prenoit d'être roi, que sans cela on ne le pourroit souffrir, et qu'il puoit comme charogne. » (Voy. l'historiette de Henri IV, dans Tallemant des Réaux.) Elle l'appelait le *capitaine Bon vouloir*, parce qu'il était toujours prêt à payer de sa personne en galanterie, et qu'il se sentait porté pour toutes les femmes, en général. La marquise de Verneuil, qui logeait à l'hôtel de la Force près du Louvre, partageait, pour ainsi dire, avec la reine, les attentions du roi et les assiduités des courtisans; elle ne désespérait pas de l'emporter tout à fait, un jour ou l'autre, sur Marie de Médicis, qu'elle ne nommait pas autrement que l'*Italienne* ou la *grosse banquière*. Cette installation publique d'une maîtresse en titre, vis-à-vis du Louvre, était un scandale qui faisait murmurer le peuple et gémir les vrais serviteurs de Henri IV.

On essaya, pour le séparer de cette femme astucieuse qui en voulait toujours à la couronne de France, une foule de combinaisons et d'intrigues amoureuses, destinées à diminuer le pouvoir de la marquise de Verneuil, en diminuant son prestige; mais Henri IV, en courant les aventures qu'on lui préparait, ne laissait pas de revenir *plus échauffé* à la marquise. En 1600, selon Bassompierre (anciens

et *nouveaux Mémoires*), il devint *un peu* amoureux
d'une des filles de la reine, nommée la Bourdaisière; puis, de madame de Boinville, femme d'un
maître des requêtes; puis, de mademoiselle Clein;
puis, de la femme d'un conseiller nommé Quelin;
puis, de la comtesse de Lemoux; puis, d'une dame
d'honneur de la reine, appelée Foulebon, etc. La
marquise de Verneuil n'en était pas moins fêtée;
mais l'exemple du roi lui apprit sans doute à se donner du bon temps, et l'on peut supposer que les con-
solateurs ne lui manquèrent pas. Un mot de Henri IV,
rapporté par Tallemant des Réaux, ferait penser qu'il
n'était pas jaloux de la marquise, comme il l'avait
été de Gabrielle d'Estrées. « On lui dit que feu M. de
Guise étoit amoureux de madame de Verneuil; il ne
s'en tourmenta pas autrement, et dit : Encore faut-il
leur laisser le pain et les putains! on leur a ôté tant
d'autres choses! » La marquise de Verneuil se sentait assez sûre de l'attachement du roi, pour n'avoir
rien à craindre des rivales de rencontre qu'il lui
donnait; néanmoins, son crédit fut balancé un moment par celui de Jacqueline du Bueil, fille d'un
brave gentilhomme breton, Claude du Bueil, seigneur de Courcillon. Le roi, pendant une de ses
brouilles avec sa maîtresse en titre, avait fait son
passe-temps de cette jeune et charmante personne,
qui n'osa rien lui refuser et qui se trouva grosse.
Il s'agissait de mettre l'accident sous la respon-
sabilité d'un mari : « Le mardy 5 du mois d'octo-

bre (1604), raconte ingénument P. de l'Estoile
dans son *Registre-journal* du règne de Henri IV, à
six heures du matin, mademoiselle du Bueil, nouvelle maîtresse du roy, espousa à Saint-Maur-des-
Fossez le jeune Chauvalon, jeune gentilhomme, bon
musicien et joueur de luth, piètre (ainsi qu'on disoit)
de tout le reste, mesme des biens de ce monde. Il
eut l'honneur de coucher le premier avec la mariée,
mais esclairé, ainsi qu'on disoit, tant qu'il y demeura,
des flambeaux et veillé des gentilshommes, par le
commandement du roy, qui le lendemain coucha
avec elle à Paris au logis de Montauban, où il fut
au lit jusqu'à deux heures après midy. On disoit que
son mary estoit couché en un petit galetas au-dessus
de la chambre du roy, et ainsi estoit dessus sa femme,
mais il y avoit un plancher entre deux. » Cette nouvelle maîtresse menaçait d'évincer la marquise de
Verneuil, mais celle-ci n'était pas en peine des
moyens de ramener le roi; elle fit attaquer vigou-
reusement le cœur de Jacqueline du Bueil, par le
jeune prince de Joinville, frère du duc de Guise,
qui la courtisait elle-même et qui lui était tout dé-
voué. Quand les deux amants se furent convenus et
entendus, on avertit le roi, qui se plaignit amèrement
à la vieille duchesse de Guise : « Qu'on épouse ma
maîtresse, à la bonne heure, dit-il, j'y consens; mais
qu'on me la dispute et qu'on s'en tienne à en être le
galant, c'est ce que je ne souffrirai point! » Il aurait
fait arrêter le prince de Joinville, si ce rival trop

favorisé n'eût renoncé tacitement à la possession de
Jacqueline, en s'éloignant d'elle et de la cour.
Henri IV pardonna : mademoiselle du Bueil fut faite
comtesse de Moret, et le fils qu'elle mit au monde,
après le départ du prince de Joinville, fut légitimé
comme l'avaient été ceux de Gabrielle d'Estrées.

La marquise de Verneuil tenait sous le charme
son *capitaine Bon vouloir;* elle lui avait laissé des
souvenirs qui le ramenaient toujours auprès d'elle,
en dépit de toutes les amourettes. Lorsqu'elle fut
accusée d'avoir trempé dans un complot contre le
roi, avec son père, son frère et d'autres seigneurs,
elle ne fit que rire et railler; quand elle fut con-
damnée, elle n'eut qu'à voir le roi pour obtenir la
grâce de tous les conjurés, et bien que son rôle de
favorite ait cessé vers cette époque, Henri IV allait
la voir souvent et ne lui faisait pas moins bon visage.
La marquise le divertissait plus que personne au
monde, et la reine était toujours jalouse d'elle. Au
mois de mars 1607 il se rendit avec la cour à
Chantilly, où séjournait madame de Verneuil. Il
avait emmené avec lui une fille, nommée Lahaye,
« qu'il entretenoit, dit l'Estoile, et qu'il menoit partout où il alloit. » La marquise lui dit, en bouffon-
nant comme de coutume : « Vous avez de mauvais
fourriers avec vous, qui vous logent à Lahaye, au
vent et à la pluie! » Cette Lahaye fut disgraciée
l'année suivante, et prit le voile dans l'abbaye de
Fontevrault : « retraite finale et assez ordinaire des

dames du mestier, dit P. de l'Estoile (à la date du 30 mars 1608), où quelquefois elles ne laissoient pas de le continuer. » Une anecdote, racontée dans les notes de Lenglet-Dufresnoy sur le *Journal de Henri IV* (à la date du 12 mars 1604), nous apprend que le roi traînait partout à sa suite, dans ses voyages comme dans ses dévotions, un troupeau de femmes et de filles de la cour; ainsi, quand il allait entendre les sermons du père Gonthier, jésuite, aux différentes églises de Paris, ces dames y venaient à l'envi, en grande toilette, pour y briguer un regard et un sourire de Henri IV. Une fois, que le jésuite prêchait à Saint-Gervais, la marquise de Verneuil et beaucoup de dames vinrent se placer près de l'œuvre, où le roi était assis. Elles chuchotaient entre elles; et la marquise échangeait des signes d'intelligence avec Henri IV, qui avait de la peine à s'empêcher de rire. Le père Gonthier s'arrêta court au milieu de sa prédication, et se tournant vers le roi : « Sire, lui dit-il avec amertume, ne vous lasserez-vous jamais de venir avec un sérail entendre la parole de Dieu, et de donner un si grand scandale dans ce lieu saint? » Le roi ne lui sut pas mauvais gré de la réprimande; mais il n'en fut pas plus réservé dans sa manière d'être, et il n'évita pas davantage de causer du scandale à ses sujets.

Son dernier amour, celui qui mit peut-être le poignard dans la main de Ravaillac, a montré jusqu'où pouvait aller la dépravation de ses mœurs. C'est un

dans une question où elles avaient toujours été les premières intéressées. Il faut même dire, pour l'honneur des mignons, qu'ils n'étaient pas si négligents du beau sexe, qu'on pourrait le penser à cause de leur vilaine réputation. Henri III avait eu des maîtresses, ses favoris en avaient également, et plusieurs d'entre eux qui périrent de mort tragique ne purent en accuser que les femmes.

Henri III, lorsqu'il n'était encore que duc d'Anjou, aimait Renée de Rieux, connue sous le nom de la *belle Châteauneuf*; c'était une de ces filles d'honneur de Catherine de Médicis, que le fameux libelle huguenot, intitulé *le Toesin des Massacreurs*, n'a probablement pas calomniées, quand il les marque du sceau de la Prostitution : « Nul n'ignore, lit-on dans ce libelle (p. 49 de l'édit. de 1570), l'impudicité des filles de la suitte de la Roine mère, tesmoins la Rouet, Montigny, Chasteauneuf, Atri et autres, desquelles la chasteté est si peu connue, qu'elle ne trouveroit pas un seul tesmoing chez tous les courtisans. » Lorsque le duc d'Anjou dut partir pour la Pologne, où l'appelait le vœu des nobles polonais qui lui avaient offert la couronne, il voulait trouver un mari pour mademoiselle de Châteauneuf, à laquelle il avait fait, dit-on, une promesse de mariage par écrit. Il chercha parmi les seigneurs de la cour celui qui pourrait prendre son lieu et place. Mademoiselle de Châteauneuf, qui était d'un caractère orgueilleux et inflexible, ne se prêtait guère, il est vrai, à ce trafic

13*

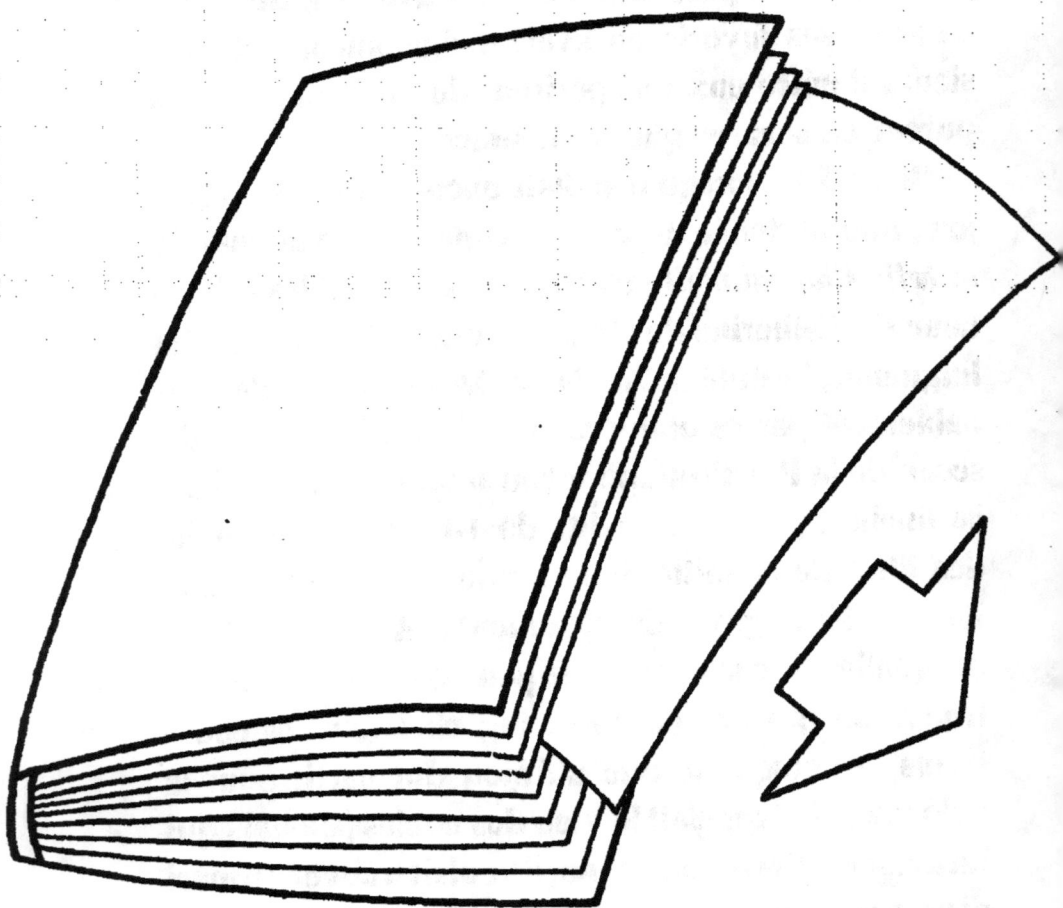

PAGE MANQUANTE DU TEXTE ORIGINAL

MISSING PAGE OF THE ORIGINAL TEXT

matrimonial. Le duc d'Anjou jeta les yeux sur Nantouillet, prévôt de Paris, un de ses compagnons de table et de plaisir; Nantouillet déclina très-fièrement le déshonneur qu'on prétendait lui faire, et répondit au nouveau roi de Pologne, que, « pour épouser une fille de joie, il attendrait que Sa Majesté eût établi des bordeaux dans le Louvre. » Cette réponse fut rapportée à Charles IX, qui en garda rancune à Nantouillet. Peu de jours après (septembre 1573), on intercepta une lettre écrite de Paris par un courtisan, dans laquelle il était parlé, en ces termes, d'un grand scandale qui venait d'avoir lieu et qui faisait l'entretien de la ville et de la cour : « J'ay veu, disait l'auteur de cette lettre, les trois rois, qu'on appelle le Tyran, le roy de Polongne, et le tiers, le roy de Navarre, qui, pour rendre grâces à Dieu pour la paix et leur délivrance, ne cessoyent de le despiter et provoquer à vio, par leurs lascives puanteurs et autres tels sardanapalismes. Je sceu comme ces trois beaux sires s'estoient fait servir, en un banquet solemnel qu'ils firent, par des putains toutes nues... » MM. Champollion, dans leur édition du *Journal de Henri III*, se sont abstenus de reproduire certains passages obscènes, que Pierre de l'Estoile avait insérés tout au long dans son manuscrit. Le banquet n'avait été que le prélude de scènes plus inouïes encore. Les trois rois, « estant en peine à quoy ils employeroient le reste de la nuit, » avaient fait avertir Nantouillet, qu'ils iraient

Fœneste, d'Aubigné tient toujours pour deux livres, quoique cette facétieuse satire ait été composée depuis la mort de Palma-Cayet : « Le chassastes-vous pour la magie ? demande le baron. — Il ne fut, au commencement, répond Enay, qui n'est autre que d'Aubigné lui-même, accusé que de deux livres, l'un par lequel il soustenoit que la fornication ni l'adultère n'estoient point le péché deffendu par le septiesme Commandement, mais qu'il deffend seulement *τὸ πορνεῖν μόνον*, voulant toucher le péché d'Onan, et là-dessus eut la sacrée Société (la Compagnie de Jésus) pour ennemie; l'autre livre estoit de restablir les bourdeaux. » Le chapitre (liv. II, ch. 22) se termine par un abominable sonnet, qu'on retrouve aussi, à la fin de la *Confession de Sancy*, sous ce titre : *Syllogisme expositoire sur la controverse si l'Église est des élus seulement*. Ce sonnet, dont le trait final est imité d'un passage du *Passavant* de Théodore de Bèze, applique à l'Église romaine les paroles du prophète Ézéchiel, au sujet de la femme *quæ divaricavit tibias suas sub omni arbore;* ce sonnet, inspiré par l'abjuration de Palma-Cayet, rappelle que cet apostat « voulut loger les putains en franchise, » lorsqu'il était encore huguenot :

Catholique, il poursuit encor son entreprise.

Agrippa d'Aubigné, qui était l'ennemi personnel du pauvre Cayet et qui ne cessa jamais de vomir

contre lui les plus atroces injures, croit pouvoir le
qualifier ainsi :

L'avocat des putains, syndic des maquereaux.

Enfin, dans un autre endroit de la *Confession de
Sancy*, d'Aubigné remet encore sur le tapis un des
deux livres de Cayet, en parlant du grand pape
Sixte V, « qui osta les bordeaux des femmes et des
garçons, faute d'avoir lû le livre de M. Cahier. »
On peut, d'après cette phrase, inférer avec quelque probabilité, que Cayet, dans le Discours qu'il
se proposait de présenter au Parlement et qu'il avait
farci de citations grecques et latines, s'était occupé
de toutes les espèces de débauche chez tous les
peuples et à toutes les époques, et qu'il n'avait pas
oublié de mentionner, à l'appui de son opinion,
l'autorité du pape Sixte IV (et non Sixte V), auquel
on attribuait l'établissement des lieux de prostitution
consacrés à l'une et l'autre Vénus. *Lupanaria utrique
Veneri erexit*, avait dit le savant Corneille Agrippa
de Nettesheim, dans une des premières éditions de
son célèbre traité *De vanitate et incertitudine scientia-
rum* (ch. 64, *De lenocinio*); mais il modifia depuis
cette assertion un peu hasardée et se contenta de
rappeler que ce pape débauché avait construit à
Rome un noble bordeau : *Romæ nobile admodum
lupanar extruxit*. (Voy., dans le *Dict. hist. et crit.*
de Bayle, l'art. de Sixte IV.)

Depuis, honorant son lignage,
Elle fit voir un beau menage
D'ordure et d'impudicitez ;
Et puis, par l'excès de ses flammes,
Elle a produit filles et femmes
Au champ de ses lubricitez...

Vieille sans dent, grand' hallebarde,
Vieux baril à mettre moutarde,
Grand morion, vieux pot cassé,
Plaque de lit, corne à lanterne,
Manche de lut, corps de guiterne,
Que n'es-tu déjà *in pace?*

Vous tous qui, malins de nature,
En desirez voir la peinture,
Allez-vous-en chez le bourreau ;
Car, s'il n'est touché d'inconstance,
Il la fait voir à la potence
Ou dans la salle du bordeau !

La vengeance de Regnier immortalisa ainsi le nom de Macotte, qui fut dès lors le synonyme du mot *maquerelle*, que la langue écrite et parlée n'avait pas encore rejeté dans le vocabulaire des halles. Le poëte n'était pas encore sage, malgré la malencontreuse issue de ses amours, malgré ses infirmités précoces, malgré sa vieillesse prématurée. Cependant, s'il avait toujours la même passion pour les femmes, il n'allait pas les chercher aux mêmes endroits ; il évitait les lieux de perdition, il ménageait mieux sa santé, il ne courait plus aveuglément au plaisir, comme il y courait, dit-il,

Du temps que ma jeunesse, à l'amour trop ardente,
Rendoit d'affection mon âme violente,
Et que de tous costez, sans choix ou sans raison,
J'allois comme un limier après la venaison.

18ª

Dans son épître au sieur de Forquevaux, qui n'est pas, comme on l'a supposé, le pseudonyme du sieur d'Esternod ou Desternod, il développe, avec un cynisme qui ne manque pas de naïveté, sa nouvelle théorie en amour ; il a toujours une aversion marquée pour les grandes dames ; il ne se soucie pas « de servir, le chapeau dans le poing ; » il ne veut plus être toujours à la rame, comme un forçat ; ce qu'il préfère, c'est

> . . . . Une jeune fillette
> Experte dès longtemps à courir l'eguillette,
> Qui soit vive et ardente au combat amoureux.....,
> La grandeur en amour est vice insupportable,
> Et qui sert hautement est tousjours misérable :
> Il n'est que d'estre libre, et en deniers comptans,
> Dans le marché d'amour acheter du bon temps,
> Et, pour le prix commun, choisir sa marchandise.....

M. Viollet-Leduc, dans son édition de Regnier (Paris, P. Jannet, 1854, in-18), dit avec raison, au sujet de cette épître : « Il serait aussi difficile d'excuser Regnier sur le choix de son sujet, que sur la manière dont il l'a traité. Cet ouvrage ne peut donner qu'une fort mauvaise opinion de sa délicatesse et de ses mœurs. »

Regnier se sentait vieux et n'avait pas quarante ans ; il était aussi devenu craintif sur les risques à courir, et il laissait volontiers en héritage à ses successeurs, « aux mignons, disait-il, aveugles en ce jeu, »

> Les boutons du printemps et les autres fleurettes,
> Que l'on cueille au jardin des douces amourettes.

Il prenait en horreur les remèdes d'apothicaire, le

breuse, et il se cache sous l'auvent d'une maison.
Une fenêtre s'ouvre au-dessus de sa tête : il fait un
bond de côté, « craignant l'odeur de l'ambre,

> Et d'estre parfumé de quelque pot de chambre. »

Mais la chambrière lui crie d'en haut : « Holà!
monsieur! je m'en vais tout soudain vous ouvrir la
porte! » Il ne répond pas, car il suppose que ce n'est
pas à lui que l'on s'adresse, et il va s'éloigner discrète-
tement, quand la porte s'entr'ouvre et que la chambrière lui dit à voix basse : « Entrez, monsieur,
sans feu ni sans chandelle? » Il ne peut plus douter
qu'on ne le prenne pour un autre; il hésite à poursuivre l'aventure; mais, au moment où il se retire,
on le pousse dans l'allée, et la porte se referme sur
lui. Alors, il se résigne et se laisse conduire par la
main près du lit de *madame*, qui l'attendait ou qui
du moins en attendait un autre entre deux draps.
On lui adresse la parole, comme si l'on parlait à
une vieille connaissance : il est allé trop loin pour
reculer, et il se couche sans mot dire.

Le sieur d'Esternod commence à se repentir de
n'avoir pas demandé de la lumière, car il conçoit de
terribles soupçons sur l'âge de sa mystérieuse compagne. Enfin, quand il est bien convaincu qu'il a eu
affaire à une vieille édentée, il se décide à quitter
la partie; il se lève brusquement et ne s'excuse pas
de son impolitesse. La vieille, surprise et outrée de

ce procédé, crie, appelle Jacqueline et fait allumer la chandelle. Elle se cache sous sa couverture en voyant d'Esternod, qui ne s'était jamais rencontré avec elle sur pareil pied, et qui retrouve, en riant, sa dévote du sermon. « Bonjour, mademoiselle! lui dit-il d'un ton goguenard. — Quel grand diable, mon Dieu! vous amena! s'écrie tristement la vieille désespérée.

> — Ma fortune maudite,
> Qui vouloit que je sceus qu'estiez une hypocrite! »

On se désole; on le supplie d'être discret, de ne pas perdre une honnête femme qu'il peut déshonorer; il la rassure et la raille en même temps :

> . . . . . Madame, n'ayez peur,
> Qu'en ma discretion vostre secret repose,
> Car mon honneur y est plus que vous engagé.
> M'estimeroit-on pas quelque diable enragé?

Malgré ces belles promesses, il fait payer son silence et ne sort pas de la maison avant d'avoir touché dix écus pour prix de ses services. Il n'a pas même la pudeur de faire entendre qu'il distribuera cet argent aux pauvres! L'ignoble dénoûment de cette aventure ne nous donne pas une flatteuse opinion de la moralité du sieur d'Esternod, qui n'eut rien de plus pressé que de publier sa triste bonne fortune. On a lieu de supposer qu'il ne cacha pas même le nom de la dame, car il mit en vers le *pa-*

ranymphe de cette vieille, pour la récompenser du *bon office* qu'il lui devait :

Bref, je te suis tant redevable,
Vieille, plus fine que le diable,
Pour avoir fait l'amour pour moy,
Que tu seras mon connestable,
Et mise à la première table
Si quelque jour on me fait roy.

Qu'à la teigne, qu'à la podagre,
A la migraine, à la chiragre,
De t'offenser soit interdit!
Et, après la mort filandière,
Deux asnes, dans une litière,
Te portent droit en paradis!

Ce sieur d'Esternod, qui avait fait ses premières armes poétiques avec le harnais de soudard sur le dos, conservait, dans ses mœurs et dans son langage, toute la grossièreté de son ancien métier; il ne comptait pas avec sa bourse, quand il voulait acheter du fruit nouveau sur le marché de la Prostitution. Il se venge, par des vers âcres et venimeux, d'une femme, qu'il nomme la *belle Madeleine*, et qui avait refusé de se vendre pour cinquante pistoles. On peut croire, d'après certains passages de la pièce, que cette femme était gardée, comme on disait, pour la bouche d'un grand seigneur, et que les *vieilles prêtresses*, ou proxénètes, qui l'avaient découverte dans un village bressan, se promettaient de faire de bonnes affaires avec elle. En tout cas, on la veillait de près, et le sieur d'Esternod frappait en vain à la porte.

Furieux de cette résistance, il répand sa colère dans une poésie frappée au coin des mauvais lieux; il accable d'invectives ramassées dans les ruisseaux la malheureuse qui ne veut plus le recevoir; il se la représente vieille et décrépite, abandonnée de ses amants, « malandreuse, poussive, hargneuse, » regrettant sa folle vie, se rappelant avec dépit les bonnes aubaines qu'elle a refusées et qu'elle ne retrouvera plus :

> Tu tiendras ces mesmes paroles :
> « Où sont les cinquante pistoles
> Que jadis on me présentoit?
> Las! où sont les roses vermeilles?
> Que n'ai-je pris par les oreilles
> Le loup, alors qu'il s'arrestoit! »

La vieillesse des femmes dissolues était sans doute peu respectable; d'Esternod se montrait toujours inflexible à son égard. Il ne pardonnait pas surtout aux anciennes pécheresses, qui, au lieu de faire pénitence de leurs erreurs de jeunesse, cherchaient encore, grâce aux mensonges de la toilette, à tromper les amours; il se plaisait à fustiger, du fouet de la satire,

> Ces lasches demoiselles
> Qui replastrent leurs fronts, durcissent leurs mamelles,
> Reverdissent leur sein, leur peau vont corroyant,
> Alignent leurs sourcils, leurs cheveux vont poudrant,
> Vermillonnent leur joue, encroustent leurs visages....

D'Esternod prenait Regnier pour modèle, ainsi que les poëtes de la taverne et du bordeau, ses amis et ses émules; le même genre de vie fainéante et débordée devait produire le même genre de poésie; mais il y avait, de Regnier à d'Esternod, toute la distance qui séparait Paris du château d'Ornans. L'auteur de l'*Espadon satyrique* ne manqua pas de rencontrer dans les lieux suspects ces maladies honteuses qui furent toujours les satellites de la débauche. A l'exemple de Regnier, il n'eut pas honte de célébrer en vers sa mésaventure; mais, dans cette ode ordurière où brille une verve dont le poète aurait dû faire un meilleur usage, Regnier est bien dépassé. Le sieur d'Esternod avait la brutale franchise d'un soldat; il en use, pour dénoncer au public la brebis galeuse qu'il voulait faire chasser du bercail de la Prostitution. Il ne se repent pas d'avoir vécu dans le désordre, mais il s'accuse de s'être lié à une misérable, qui avait « mille fois porté la mitre » dans les carrefours. Il s'écrie, le libertin incorrigible :

N'estois-je pas un vrai Joërisse,
De contenter là mes amours!

La mode du temps était aux satires, et les satiriques, sans se soucier de faire rougir leurs lecteurs, n'oubliaient jamais de poursuivre, entre tous les vices, celui de la débauche, et de mettre au pilori la Prostitution.

Un de ces satiriques, Thomas de Courval-Sonnet, était un petit hobereau normand, qui, venu de Vire à Paris, sous le règne de Marie de Médicis, pour étudier la médecine, se mit à faire des vers contre les mœurs de la capitale. La lecture de ses poésies, dans lesquelles il se montre animé de la haine du mal autant que de l'amour du bien, nous donne une idée très-honorable de son caractère et de ses sentiments, en dépit des expressions triviales et des images cyniques qui remplissent ses œuvres dédiées à la reine. C'était le goût du siècle, et le langage des courtisans eux-mêmes semblait emprunté aux Cours des Miracles. On doit penser pourtant que Courval-Sonnet ne vivait pas dans la crapule, comme la plupart de ses confrères en satire; on pourrait avancer qu'il menait une vie très-régulière, et qu'il ne s'était jamais souillé dans la fange des mauvais lieux. Son premier recueil, qui parut en 1621 (*Paris, Rolet-Boutonné, in-8°*), témoigne d'une espèce d'aversion et de défiance, que l'auteur éprouvait pour les femmes, en général. Dans la satire VI°, intitulée *Censure des femmes*, il fait un portrait assez peu attrayant du beau sexe, qu'il accable d'une grêle de métaphores injurieuses :

> L'enfer de nos esprits, le paradis des yeux,
> L'aube de tous ennuis, tombeau des langoureux,
> Purgatoire assuré des bourses trop pesantes,
> Repurgées et netyes (sic) aux flames plus ardentes
> Et aux cuisants fourneaux de ce sexe amoureux
> Qui droit à l'hospital rend l'homme comme un gueux.

Le sieur de Courval-Sonnet, en sa qualité de médecin, veut corriger les débauchés, par le tableau

des ravages matériels que la femme d'amour exerce
trop souvent sur la personne de son complice :

> Elle gaste la fleur de la verte jeunesse,
> Déflore la beauté, advance la vieillesse;
> Elle ride la peau, rend le front farineux,
> Jaunit nostre beau teint, le plombe et rend squameux :
> J'entends, quand par excès le mestier on praltique,
> Dans un bordeau lascif, avec femme publique.

Le poëte a toujours une restriction à mettre en
avant, pour déclarer qu'il est plein de respect pour
les dames vertueuses, mais qu'il s'adresse seulement
aux femmes de mauvaises mœurs. A l'en croire,
pourtant, la Prostitution était partout, et les plus
grandes dames ne dédaignaient pas de *se mettre au
métier.* Il compare la femme d'amour à une barque,
sur laquelle on descend le fleuve de la jeunesse :

> Encore si l'esquif, barquerot ou nacelle,
> Ne servoit qu'à un seul! Mais ce sexe infidele,
> Inconstant et leger, s'abandonne souvent
> Au premier qui demande à passer le torrent
> Des amoureux plaisirs. . . . . .
> De mesme, nous voyons tant de bonnes commeres,
> En servant de bateau, se rendre mercenaires,
> Et mettre leur honneur, comme on dit, à l'encan,
> Pour gaigner une cotte ou un riche carcan,
> Une bourse au mestier, des gands en broderie,
> Une bague, un collet ou autre braverie.
> Rien que meschanceté ne sort de leur boutique,
> Et rare est le bienfaict qu'une putain pratique!

Mais aussitôt Courval-Sonnet se ravise; il craint
d'avoir outragé toutes les femmes en dévoilant les

désordres de quelques-unes, et il se hâte de leur
faire réparation d'honneur. Voici comment il particu-
larise ses épigrammes, qui avaient une tendance trop
générale et qui semblaient porter sur le sexe entier :

Ce discours seulement s'adresse aux vicieuses!

Le poète entend par *vicieuses* les femmes de mauvaises mœurs, qui ne se soucient pas de quelle façon
elles gagnent le teston ou l'écu,

Afin de piaffer et se faire paroistre
Aux lieux plus fréquentez où l'on se fait connoistre,
Comme à l'Église, au bal et banquets somptueux,
Tournois, courses de bague et theatriques jeux,
Aux marchés, assemblées et festes de village,
Où libres on les voit jouer leur personnage,
Le front couvert de fard, pour gaigner des mignons
Et prendre dans leurs rets tousjours nouveaux poissons;
Ou bien à ces putains, tant hors qu'en mariage,
Qui, riches de moyens, entretiennent à gages
Quelque bel Adonis, quelque muguet de cour,
Pour leur donner plaisir et les saouler d'amour,
Qui quelquefois sera caché dans la ruelle
D'un lict, toujours au guet, en crainte et en cervelle,
Sans tousser ni cracher, pour d'estre descouvert
Soit du mary jaloux ou de l'amant couvert.

Ainsi, dans cette *Censure des femmes*, qui ne vaut
pas la fameuse satire de Boileau sur le même sujet,
le sieur de Courval caractérise surtout deux espèces
de Prostitutions, très-communes à cette époque : la
Prostitution des femmes et celle des hommes, l'une
et l'autre n'ayant pas d'autre objet que de fournir à
l'entretien de la toilette de ces vils artisans de dé-

bauche. Les femmes, dont l'ambition ne va pas au delà du teston ou de l'écu sur chaque conquête, se prostituent à quiconque peut les payer; les hommes méprisables, qui font à peu près un métier aussi abject, ne se prostituent cependant qu'à une seule qui les paye ou les *entretient*. Le rôle des galants de cette espèce ne se borne pas à satisfaire secrètement les passions brutales de quelques vieilles libertines : le complaisant mercenaire, attaché au service d'une femme vicieuse, devait encore la conduire aux ballets, la faire danser et la ramener chez elle, pour obtenir :

> ... Le bas de soie ou l'habit de satin,
> Les jartiers dentelez, l'escharpe en broderie.

C'est donc aux dépens de sa *chérie*, que le galant

> ... Brave et s'entretient
> En habits fort pompeux, sans desbourser argent.

Conçoit-on qu'un recueil écrit de ce style-là fut dédié à la reine mère du roi, à cette Marie de Médicis qui, tout Italienne qu'elle était, ne se fit jamais reprocher le moindre relâchement dans ses mœurs? Conçoit-on que le sieur de Courval, qui se piquait d'être un gentilhomme de bonne maison, ait introduit dans ses poésies morales le jargon immonde des bordeaux? Il faut constater, pour son excuse, que la langue des honnêtes gens n'était pas encore formée, et que le mot le plus obscène avait droit de tenir sa place, même dans un sermon, à plus forte

raison dans la poésie, qui usait de ses vieux privi-
léges en osant tout dire.

Le sieur de Courval-Sonnet exagère souvent les
choses, force les traits et surcharge les couleurs,
lorsqu'il nous montre, par exemple, les époux tirant
chacun de leur côté, et

> Se mettant en hasard, aux bordeaux, aux étapes,
> De gaigner, par argent, le royaume de Naples;

mais il ne sort pas des bornes de la vérité la plus
scrupuleuse, quand il fait de main de maître le portrait d'une courtisane, qui avait été fameuse et qui
allait revenir, en vieillissant, à son point de départ
obscur et misérable. C'est à cette courtisane qu'il
adresse sa satire XXV :

> Les chalands dégoutez tournent ailleurs leurs pas.
> Tu vois diminuer tous les jours ta prattique :
> Comme ce procureur, ferme donc ta boutique.
> C'est bien forcé, à present que tu n'es plus des belles,
> Que tu sois à present vendeuse de chandelles.
> La femme est laide, après qu'elle a trente ans vécu :
> Les roses à la fin deviennent gratte-cu.

Ce dernier vers est encore dans la mémoire de tout
le monde, sans qu'on sache à quel sens il se rattache
ni à quel auteur on puisse l'attribuer. Courval-Sonnet
conseille à cette ancienne fille d'amour, de profiter de
son reste; de tirer, d'escroquer, d'attraper de l'argent, par tous les moyens possibles; de chercher à
émouvoir ses dupes, en leur disant qu'elle craint le

sergent, qu'elle a mis en gage sa jupe et sa *hongre-
line*; de ramasser enfin un petit pécule qui lui per-
mette de vivre du travail de ses mains dans sa vieillesse. Mais elle n'entend point de cette oreille et elle
ne prévoit pas qu'un jour viendra où les ressources
de la Prostitution lui manqueront tout à fait; elle ne
se doute pas qu'elle ait vieilli; elle se fâche contre
l'importun donneur d'avis : « Enné! s'écrie-t-elle,

> Qu'on ne s'attende pas que je couse ou tapisse :
> Le plus aisé travail pour moy n'est qu'un supplice;
> Puisque j'ay de quoy vivre et de quoy m'habiller,
> Qu'on me parle de rire, et non de travailler.
> Tout mon contentement est d'estre bien mise :
> Une femme d'amour vit au jour la journée. »

Le sieur de Courval n'essaye plus de lui parler le langage de la raison, car chez elle l'habitude du vice
est devenue incurable; il l'invite donc avec ironie
à persévérer dans la voie où elle s'est perdue; pas
de remords, pas de regrets; chacun ici-bas a sa des-
tinée : celle d'une courtisane est de mourir courtisane.

> Pratique habilement, en te moquant de moy,
> Tous les tours du bordel que tu sçais sur le doy...
> Tu possedes un peigne, un chalit, un miroir,
> Une table à trois pieds qu'il fait assez bon voir,
> Un busc, un esventail, un vieux verre sans patte,
> De l'eau d'ange, du blanc, de la poudre, une chatte,
> Une paire de gands qui furent jadis neufs,
> Une boîte d'onguent, une houppe, des nœuds,
> Un poïlon, un chaudron, une écuelle, une assiette;
> Pour te servir de nappe, un engin de serviette.

Cette description du ménage d'une fille de joie, au commencement du dix-septième siècle, serait encore exacte aujourd'hui, si on l'appliquait à la plupart des femmes publiques de bas étage. Ces créatures n'ont pas plus changé de physionomie et de manière d'être, que de train de vie et de métier. Courval-Sonnet continue à les peindre toutes d'après nature, sous les traits d'une seule, qui arrivait à l'âge de la décadence :

Tu n'apaises la faim d'aucun friand morceau :
Ta viande est du pain, ton breuvage est au seau;
En été, tu remplis ton ventre de salades;
Extrêmement habile à bailler des cascades,
A faire niche à l'un et l'autre caresser,
A tirer un présent; cela fait, le chasser;
Insensible aux bienfaits, conteuse de sornettes,
Impudente menteuse et qui scait ses deffaites;
Ton mestier est infame et doux infiniment :
C'est pourquoy l'on n'en sort que difficilement.

Le sieur de Courval-Sonnet quitta Paris, quand il eut passé sa thèse de docteur à la Faculté de médecine; il n'était déjà plus jeune, et il avait échappé à tous les orages de la jeunesse : il vint se fixer à Rouen, pour y pratiquer son art, mais, tout en soignant ses malades, il composait encore des satires, et ces satires avaient toujours pour objet de corriger les mœurs, qui ne paraissent pas avoir été meilleures en province que dans la capitale. Ce fut à Rouen qu'il publia sous le voile de l'anonyme les *Exercices de ce temps,* qui eurent les honneurs de plusieurs éditions

successives (chez de la Haye, 1627, in-8°; chez Lau-
rens Maurry, 1631, in-4°; chez Delamarre, 1645,
in-8°), sans que le poëte songeât à faire disparaître les
incorrections et les grossièretés de son style. Ces *Exercices* sont des esquisses de mœurs, très-curieuses,
dans lesquelles une foule de traits appartiennent à
l'histoire de la Prostitution. « Courval n'a imité de
Regnier, que ce que celui-ci a de blâmable, dit
M. Viollet—Leduc (*Catalogue des livres composant sa
Bibliothèque poétique*, avec des notes bibliographi-
ques, biographiques et littéraires, *Paris, Hachette*,
1843, in-8°); il n'a pas même pris la peine de dissimuler ses larcins : son *Débauché*, son *Ignorant*, sont
évidemment calqués sur les satires X et XI de
Regnier; en sa qualité de médecin, il a abusé des
termes et des descriptions sales, jusqu'au dégoût. »
Nous ne nous occuperons que de trois satires, la
première, la cinquième et la onzième, intitulées *le
Bal, la Promenade*, et *le Débauché.*

On voit, dans la première, qu'il existait, au dix-
septième siècle, des bals publics, assez analogues à
ceux qui sont maintenant à la mode à Paris et dans
les grandes villes de France, et qui exercent une si
fâcheuse influence sur les mœurs du peuple. Du
temps de Courval-Sonnet, on allait à ces bals, pour y
chercher des aventures. Voici comment il nous les
dépeint dans une satire où il se met en scène :

Les desirs depravez se descouvrent au bal,
Salle de la desbauche où jadis la jeunesse

Alloit comme au bordel chercher une maistresse,
On n'y voit que flambeaux, que brillants, que beautez,
Cupidons en campagne, amours de tous costez.....
L'un y va pour danser, l'autre a d'autres desseins ;
L'un y cherche une femme et l'autre des maistresses.....

On voit que le sieur de Courval-Sonnet n'était pas
devenu plus honnête dans son langage, en se retrou-
vant dans sa province natale ; mais il ne dédiait plus
ses vers à la reine, qui probablement ne lui avait pas
su gré de la dédicace du premier recueil. Le poète-
médecin consacra sans doute son second recueil à la
satire des mœurs normandes. Le bal licencieux, dans
lequel il introduit son lecteur, ressemble beaucoup
aux musicos de la Hollande ; nous supposons que ce
bal était établi à Rouen, que l'auteur habitait alors.
Courval-Sonnet y rencontre une femme, avec laquelle il entame un entretien qui tourne bientôt à
la galanterie ; il pousse sa pointe, et il en vient à des
propositions un peu trop vives, que la dame rejette
d'abord, en jouant l'indignation : « Quoi ! s'écrie-
t-elle d'un air pudique, me parler d'amour ! je suis
femme de bien ! »

Et deux heures devant, auprès des chambrières,
Un jeune cavalier lui tailloit des croupières !

Cependant, après quelques semblants de pruderie
et de résistance, elle est bientôt en pleine familiarité
avec le nouveau galant, qui lui offre des rafraîchis-
sements qu'elle n'a garde de refuser ; elle mange et

boit donc, comme si elle avait le ventre vide depuis la veille; sa gloutonnerie a tellement surchargé son estomac, qu'elle est bientôt forcée de sortir du bal, pour se débarrasser d'une partie de ce fardeau indigeste; mais, à peine est-elle un peu soulagée, qu'elle rentre dans la salle, et qu'elle recommence à visiter le buffet; cette fois, les bons morceaux qu'elle avale ne l'incommodent plus, et elle se trouve suffisamment préparée à supporter les fatigues de la nuit. C'est dans cet état que le sieur de Courval l'emmène hors du bal, en se disant tout bas :

Si chaste on en revient, c'est grand coup d'aventure ;
De la table à la danse, et de la danse au lict.

Tel était le bal et telle la promenade. Notre poète y rencontre une belle qu'il courtisait et qui ne lui avait pas même accordé une espérance. Ce jour-là, on lui fait accueil, on lui sourit et on l'invite à venir passer la journée dans une maison de plaisance où doit se réunir une société joyeuse. Courval-Sonnet ne résiste pas à la séduction, il accepte sa part dans le pique-nique qu'on lui annonce; il monte dans un carrosse auprès de sa charmante compagne, et il se laisse conduire, les yeux fermés, dans une petite retraite champêtre, où il trouve déjà rassemblés vingt ou trente couples d'amoureux, qui ne font pas autre chose, tant que le jour dure, que de se livrer au plaisir parmi les gazons et les fleurs. C'est une saturnale de débauche, que le poète nous représente avec son cynisme ordinaire, après avoir décrit ce lieu de plaisance

> Où respire l'Amour, où Vénus prit naissance.

Il ne nous dit pas s'il s'abandonna aux entraînements du mauvais exemple; mais, en admettant qu'il soit resté assez maître de ses sens pour échapper aux dangers de ce séjour voluptueux, il fut témoin des actes incroyables de Prostitution qui se passaient autour de lui et qui ne cherchaient pas même à se cacher sous le voile transparent de la pudeur. Tous ces amants effrontés renouvelaient entre eux les scènes honteuses des anciens mystères d'Isis.

Le sieur de Courval ne déguiserait rien de ce qu'il vit dans cette maison, qui n'a rien à envier aux plus scandaleux repaires de la Prostitution publique, si l'expression ne faisait pas défaut à ses idées, et s'il savait exprimer d'une manière vive et pittoresque les étranges souvenirs de sa promenade aux champs. Il conserve, d'ailleurs, de cette journée de libertinage, un dégoût et une tristesse qui le portent à s'indigner contre le sexe féminin tout entier; car il termine ainsi sa satire, en se souvenant des vers fameux de Jean de Meung contre les femmes :

> Ainsi s'accroît le vice et pullule en tous lieux;
> Si l'une fait du mal, l'autre ne fait pas mieux.

même de faire plus ample connaissance avec ce novice qui lui parle d'amour, et elle le conduit dans une chambre d'hôtellerie où ils peuvent poursuivre l'entretien dans un tête-à-tête dont le pauvre garçon ne profite pas.

A peine sont-ils montés dans cette chambre et assis au bord du lit, l'unique siège qui s'offrit à eux, elle se met à fondre en larmes et elle déplore son malheureux sort, en disant qu'elle est fille de bien, qu'elle a été enlevée à sa famille par ces charlatans et qu'elle mène, bien à contre-cœur, une vie désordonnée, qui convient aussi peu à ses sentiments qu'à sa naissance.

Voilà mon jeune homme attendri et plus amoureux que jamais. Il jure à la belle, qu'il la délivrera de cette odieuse servitude et qu'il la ramènera à ses parents.

Rendez-vous est pris pour le soir même : à minuit sonnant, les deux amants se retrouveront derrière une écurie, à cent pas de l'auberge où ils logent l'un et l'autre :

> Elle y vient, je m'y trouve : elle a dessous son bras
> Un coffret dans lequel elle avoit mis deux draps,
> Un morceau de coutil, un peigne, des brassières,
> Un demi-ceint d'argent, des gands et des jartières :
> C'estoit là son butin, c'estoit là son vaillant.....

Ce passage prouve que les femmes de mauvaise vie, chassées des villes par l'ordonnance de 1560, s'étaient retirées dans les compagnies de marchands ambulants, de comédiens et de charlatans, qui parcouraient le pays en débitant leurs marchandises, parmi lesquelles figurait toujours la Prostitution la plus crapuleuse.

L'arrivée d'une troupe de ces gens-là devait être, dans chaque village où elle s'arrêtait, le signal de tous les désordres; et quand l'autorité civile ou ecclésiastique ouvrait les yeux sur ces excès qui se répandaient tout à coup comme une épidémie au sein d'une population paisible, les auteurs du scandale avaient déjà plié bagage et s'étaient éloignés en laissant derrière eux leurs dupes et leurs victimes.

La fille et son ravisseur, qui craignent d'être poursuivis par les bohémiens, marchent toute la nuit, peu chargés, il est vrai, de nippes et d'argent; ils arrivent, au point du jour, dans un petit village où ils se croient enfin à l'abri des poursuites; ils frappent à la porte de la dernière maison de ce village. C'est un affreux taudis où logent les charretiers et les colporteurs, mais les amoureux ne seraient pas plus heureux dans un palais que dans ce logis

     Escarté du chemin et loin du voisinage.

On leur donne une chambre; la fille y fait apporter du vin et du jambon : ils boivent, ils soupent, ils se couchent; le débauché ne tarde pas à s'endormir du plus profond sommeil. Sa compagne de lit ne

que de faire accoucher une femme sur le théâtre; on voyait souvent les amants et les époux se coucher et continuer leur rôle entre les draps du lit! Souvent aussi, l'action se passait derrière la scène ou dans la niche fermée de rideaux; mais, pour éviter un malentendu, on avertissait le spectateur de tout ce qu'on ne lui permettait pas de voir. Dans la *Farce joyeuse et récréative d'une femme qui demande les arrérages à son mary*, les deux époux, qui ont failli avoir un procès sur ce chapitre matrimonial, finissent par s'accorder et par sortir ensemble. Un voisin, qui s'est employé à la réconciliation des parties, dit alors :

« Ils s'en sont allés là derrière,
Pensez, cheviller leur accord,
Afin qu'il en tienne plus fort.
C'est ainsi qu'il faut apaiser
Les femmes, quand veulent noiser. »

Dans la *Farce nouvelle, contenant le debat d'un jeune moine et d'un vieil gendarme, par-devant le dieu Cupidon, pour une fille*, cette fille vient exposer son cas devant le trône de Cupidon : elle se sent agitée de désirs et de besoins amoureux; Cupidon lui conseille de prendre un amant plutôt qu'un mari, et promet de la pourvoir pour le mieux. Un jeune moine et un vieux gendarme se disputent la possession de la fille, et Cupidon, pour les mettre tous trois d'accord, les invite à chanter ensemble une chanson; ils s'excusent l'un après l'autre de ne faire honneur à ce défi musical, et les motifs de leur refus ne sont que de grossières équivoques. Les deux concurrents ne font donc pas entendre le timbre de leur voix, d'après lequel Cupidon se proposait d'apprécier la capacité de chacun; mais le dieu d'amour s'en rapporte à d'autres indices moins trompeurs, et il fait comprendre à la fille qu'un jeune moine vaut mieux qu'un *vieil* gendarme.

Il faudrait citer toutes les farces qui nous restent du seizième siècle, pour constater les innombrables ressources de leur immoralité, et pour faire comprendre la part qu'elles avaient dans l'enseignement de la Prostitution. Une femme de bien, après avoir assisté à ces représentations impures, en revenait l'âme souillée et l'esprit tourné à la luxure. Non-seulement les images les plus obscènes, les mots les plus crus, les maximes les plus honteuses émaillaient le dialogue des farceurs, mais encore leur pantomime et leurs jeux de scène étaient d'horribles provocations à la débauche. Il est impossible de se faire une idée de ce qu'étaient les farces populaires de ce temps-là, si l'on n'en a pas lu quelques-unes. La *Bibliothèque du théâtre françois*, par le duc de la Vallière, Marin et Mercier de Saint-Léger, l'*Histoire du théâtre français*, par les frères Parfaict, et l'*Histoire universelle des théâtres*, par une société de gens de lettres, donnent une analyse détaillée de plusieurs de ces pièces licencieuses; mais le lecteur qui voudra étudier encore plus exac-

tement les origines de notre littérature dramatique
doit recourir au précieux recueil de farces, que M. P.
Jannet vient de réimprimer dans sa Bibliothèque
Elzevirienne sous le titre d'*Ancien théâtre françois*.
Nous signalerons surtout, parmi les soixante-quatre
farces, histoires, moralités, débats, monologues,
dialogues et sermons joyeux, qui composent ce
recueil, la *farce de frère Guillebert*, que l'ancien
éditeur a qualifiée de *très-bonne et fort joyeuse*; elle
est, en effet, vraiment comique, et l'on peut se
rendre compte du succès de fou rire qu'elle obtenait
à la représentation; c'est la plus libre de toutes
celles qui nous sont parvenues. Elle commence
par un de ces sermons joyeux, qui formaient souvent à eux seuls l'intermède, dans les entr'actes
d'une tragédie ou d'une comédie sérieuse.

C'était là le théâtre populaire, jusqu'au commencement du seizième siècle : nous aurions voulu montrer, par l'analyse de cette farce célèbre, la triste
influence qu'il devait exercer sur les mœurs. Les
farces de cette espèce étaient innombrables, comme
le dit Du Verdier; elles se jouaient, par toute la
France, dans les plus petits villages; elles servaient
de thème, pour ainsi dire, à la pantomime la plus
indécente; elles souillaient à la fois les yeux et les
oreilles des spectateurs, qui encourageaient, par
des applaudissements et des éclats de rire insensés,
le jeu impudique des acteurs. On comprend que le
clergé catholique ait condamné avec indignation ce

déplorable abus de l'art scénique, et l'on ne s'étonne plus, en présence de pareilles ordures, que le théâtre tout entier se soit trouvé enveloppé dans l'anathème dont l'Église avait frappé les farceurs et les comédiens. Saint François de Sales, qui composait, vers cette époque, ses écrits de morale religieuse, comparait les représentations théâtrales aux champignons, dont les meilleurs ne sont pas salubres. Cependant l'autorité civile, qui avait mission de veiller à la police des mœurs, ne semble pas s'être émue de l'incroyable licence du théâtre français, avant la fin du règne de Louis XIII; jusque-là, le lieutenant civil, dans quelques arrêts relatifs aux comédiens, avait enjoint à ceux-ci de ne représenter que « des pièces licites et honnestes, qui n'offensassent personne; » mais les commissaires et les sergents ne paraissent pas avoir fait exécuter ces arrêts au profit de la décence publique. En revanche, la répression était très-prompte et très-sévère à l'égard de toutes les satires personnelles qui s'adressaient à des gens de qualité et à des particuliers notables. On emprisonnait alors, sans forme de procès, les comédiens qui s'étaient permis la moindre atteinte au respect des personnes et au secret de la vie privée. Quant aux farces qui n'étaient que graveleuses ou ignobles, on leur laissait la carrière libre, et on n'avait pas l'air d'en être scandalisé, d'autant plus que ces spectacles malhonnêtes faisaient le charme du peuple, qui y retrouvait la peinture de ses mœurs grossières, l'expression fidèle de ses sentiments bas et la copie de son langage trivial.

Nous avons dit que le plus grand nombre des farces n'ont pas été imprimées, et que celles qui le furent ont disparu en majeure partie. Il y en a encore assez dans le recueil du *British Museum* de Londres, et dans celui de la Bibliothèque impériale de Paris, pour se faire une idée exacte de l'excès de dépravation, qui pouvait seul faire tolérer la représentation de ces pièces dégoûtantes. Voici les titres de quelques-unes, qui tiennent d'ailleurs tout ce que promet leur préambule : « Farce nouvelle très-bonne et fort joyeuse, des femmes qui demandent les arrérages de leurs maris, et les font obliger par *nisi*; à cinq personnages, c'est assavoir : le mary, la dame, la chambrière et le voysin. — Farce nouvelle et fort joyeuse des femmes qui font escurer leurs chaulderons et deffendent qu'on ne mette la pièce auprès du trou ; à trois personnages, c'est assavoir : la première femme, la seconde et le maignen. — Farce très-bonne et fort joyeuse de Jeninot, qui fist un roy de son chat, par faulte d'autre compagnon, en criant : Le roy boit ! et monta sur sa maistresse pour la mener à la messe ; à trois personnages, etc. » Tels étaient les titres, qui donnaient un avant-goût des pièces, que l'affiche annonçait au public, et qui avaient une vogue extraordinaire. Ces farces, où les apprenait par cœur, et chacun, au be-

soin, était en état d'y remplir un rôle, lorsque, à défaut de *joueurs* de profession, une confrérie de compagnons, une corporation de métier, une société
joyeuse, se constituait en troupe dramatique. Les
associations d'acteurs bourgeois ou artisans se multiplièrent sur tous les points du royaume, dans la première moitié du seizième siècle, et la Prostitution,
qui était toujours le mobile de cette passion effrénée
du théâtre, se multiplia également, en proportion
du nombre des comédiens et des comédiennes, qui
vivaient dans le désordre le plus crapuleux.

« Il y avoit deux troupes alors à Paris, raconte
Tallemant des Réaux, qui avait recueilli la tradition
de la bouche de ses contemporains (tome X de l'é-
dit. in-12, p. 40); c'étoient presque tous des fi-
lous, et leurs femmes vivoient dans la plus grande
licence du monde : c'étoient des femmes communes
et même aux comédiens de l'autre troupe, dont
elles n'étoient pas. » Tallemant des Réaux ajoute
plus loin : « La comédie n'a été en honneur que
depuis que le cardinal de Richelieu en a pris soin
(vers 1625), et avant cela, les honnêtes femmes n'y
alloient point. » Les trois plus habiles farceurs de
ce temps-là, connus sous leurs noms de théâtre,
Turlupin, Gaultier Garguille et Gros-Guillaume,
jouaient la comédie sans femmes, et poussaient à
l'envi le burlesque jusqu'au cynisme le plus éhonté;
Tallemant des Réaux dit pourtant que Gaultier Garguille fut « le premier qui commença à vivre un peu

plus règlement que les autres, » et que Turlupin, « renchérissant sur la modestie de Gaultier Garguille, meubla une chambre proprement ; car tous les autres étoient épars çà et là, et n'avoient ni feu ni lieu. » Sauval, qui écrivait son *Histoire des Antiquités de Paris* en même temps que Tallemant ses *Historiettes*, se garda bien de délivrer un certificat de bonnes mœurs à ces trois fameux bouffons ; il dit même de Gaultier Garguille, qu'il « n'aima jamais qu'en lieu bas ; » et l'épitaphe qu'on avait faite pour les trois amis, enterrés ensemble dans l'église de Saint-Sauveur, renferme un trait qui pourrait bien faire allusion à l'immoralité de leur association :

> Gaultier, Guillaume et Turlupin,
> Ignorans en grec et latin,
> Brillèrent tous trois sur la scène
> Sans recourir au sexe féminin,
> Qu'ils disoient un peu trop malin :
> Faisant oublier toute peine,
> Leur jeu de théâtre badin
> Dissipoit le plus fort chagrin.
> Mais la Mort, en une semaine,
> Pour venger son sexe mutin,
> Fit à tous trois trouver leur fin.

Gros-Guillaume jouait à visage découvert ; mais ses deux amis étaient toujours masqués : chacun d'eux avait un costume caractéristique, qu'il ne changeait jamais dans la farce. Avant d'être incorporés dans la troupe de l'Hôtel de Bourgogne, ils avaient établi leurs tréteaux dans un jeu de paume,

qui ne suffisait pas à contenir tous les curieux que
ces représentations attiraient. Le cardinal de Richelieu voulut les voir et les entendre; il fut enchanté
d'eux, et il les jugea dignes de devenir comédiens
de l'Hôtel de Bourgogne, où ils transportèrent leurs
farces et leurs chansons. On peut supposer que ces
farces étaient de la composition de Turlupin et de
Gros-Guillaume, puisque le nom de *turlupinades* est
resté aux canevas facétieux, qu'ils jouaient d'a-
bondance, à l'impromptu, comme les farces italiennes. On sait, d'ailleurs, que les chansons, que nos
trois amis chantaient d'une manière si plaisante, n'a-
vaient pas d'autre auteur que Gaultier Garguille,
qui les fit imprimer lui-même en 1632 (Paris,
Targa, petit in-12), et qui obtint, à cet effet, sous
son véritable nom, un privilége du roi, octroyé,
était-il dit dans ce privilége, « à nostre cher et bien-
aimé Hugues Gueru, dit Fléchelles, l'un de nos co-
mediens ordinaires, de peur que des contrefacteurs
ne viennent adjouster quelques autres chansons plus
dissolues. » La *Chanson de Gaultier Garguille*, si dissolue qu'elle fût de son essence, avait passé en proverbe, et bien des gens, dit Sauval, n'allaient à l'Hôtel
de Bourgogne que pour l'entendre. Quant aux farces
dans lesquelles Turlupin (Henri Legrand était son
nom de famille) se distinguait par des « rencontres
pleines d'esprit, de feu et de jugement, » elles n'eurent pas probablement les honneurs de l'impression :
on ne les connaît que par des scènes qui ont été repro-

duites dans de vieilles estampes de Mariette et d'A-
braham Bosse. Au reste, ces illustres farceurs s'étaient
essayés aussi, avec succès, dans la comédie héroïque,
qui descendait parfois aux trivialités de la farce.

L'Hôtel de Bourgogne, qui représenta des farces
proprement dites jusqu'au milieu du dix-septième
siècle, possédait, au commencement de ce siècle,
un comédien auteur, non moins fameux que le
furent plus tard Turlupin, Gaultier Garguille, Gros-
Guillaume et Guillot-Gorju. C'était un Champenois,
nommé Deslauriers, qui avait pris le sobriquet de
Bruscambille, sous lequel il composait et publiait les
plaisantes imaginations qu'il débitait sur la scène,
pour tenir en haleine l'auditoire entre les deux pièces
et pour le préparer à faire bon accueil aux folies de
la farce. L'usage de ces intermèdes comiques et graveleux remontait certainement au spectacle des *pois
pilés*, et le *badin*, qui venait réciter au public un
monologue ou un *sermon joyeux*, n'épargnait ni gri-
maces ni gestes indécents pour faire rire le parterre,
qui ne savait pas ce que c'était que de rougir d'un
mot obscène ou d'une pantomime licencieuse. Aussi,
on avait osé autrefois dire en plein théâtre le *Sermon
joyeux d'un despucelleur de nourrices*, le *Sermon des
frappe-culs*, et bien d'autres monologues en vers ou
en prose non moins joyeux et non moins orduriers.
Du temps de Henri IV, Bruscambille s'était fait connaître par les harangues facétieuses qu'il adressait
aux spectateurs, avant ou après la comédie, et qui

roulaient sur toutes sortes de sujets bizarres, grivois ou ridicules; tantôt, dans le procès du pou et du morpion, il imitait les formes du palais et l'éloquence pédantesque du barreau; tantôt, dans un panégyrique en faveur des gros nez, il paraphrasait cette équivoque en latin macaronique : *Ad formam nasi cognoscitur ad te levavi;* tantôt, il s'efforçait de découvrir, sous la jupe des femmes, les mystères du saut des puces; tantôt, il prétendait avoir fait un voyage au ciel et aux enfers, pour interroger les mânes et les manans, sur cette grande question : *Uter vir an mulier se magis delectet in copulatione.* On savait assez de latin dans la salle pour comprendre celui de Bruscambille, et l'on riait aux larmes, lors même qu'on ne le comprenait pas, car son jeu muet en disait autant que ses paroles. Quelquefois, Deslauriers se mêlait de traiter plaisamment des matières sérieuses qui plaisaient beaucoup moins aux habitués de l'Hôtel de Bourgogne; il revenait souvent sur l'apologie du théâtre et sur la justification du comédien, qu'il s'efforçait de relever de l'infamie où sa profession l'avait fait tomber; mais il était bientôt obligé de reprendre le ton graveleux et de faire son métier, en accumulant, par exemple, toutes les turpitudes et toutes les saletés les plus excentriques. Le marquis du Roure a cité, dans son *Analecta Biblion* (t. II, p. 152 et suiv.), quelques-uns des proverbes obscènes, des fantaisies et des paradoxes impudents, que Deslauriers récitait et mimait sur le théâtre.

Nous renvoyons le lecteur, qui désire en savoir davantage, aux *Nouvelles et plaisantes imaginations de Bruscambille*, que l'auteur ne craignit pas de dédier à *Monseigneur le Prince*, c'est-à-dire à Henri de Bourbon, prince de Condé!

Et tout cela fut imprimé et réimprimé avec privilége du roi! et tout cela fut débité et mimé, non-seulement sur le théâtre de l'Hôtel de Bourgogne, mais encore sur tous les théâtres *de campagne* qui lui empruntaient son répertoire! Passe encore si le public, qui courait entendre ces vilenies, eût été composé d'ivrognes et de libertins, de gens sans aveu et de prostituées; mais le bourgeois menait à la comédie sa femme et sa fille; les jeunes gens étaient passionnés, plus encore que les hommes mûrs, pour ce divertissement qui les excitait à la débauche, et partout le théâtre faisait de folles amours et des adultères, des maris trompés, des femmes infidèles, des entremetteuses de Prostitution, des docteurs d'immoralité. C'était là que le peuple se perdait par les mauvais conseils et les mauvais exemples. Mais ne fût-il point allé voir les comédiens de l'Hôtel de Bourgogne, ceux de l'Hôtel d'Argent ou du théâtre du Marais, ceux de la Foire Saint-Germain et ceux qui dressaient leur théâtre de passage dans tous les jeux de paume, il aurait eu, pour se divertir, pour dégrader sa pensée et pour s'instruire à l'école de l'impudicité, les hideuses parades en plein vent de la place Dauphine et du Pont-Neuf; il pou-

25*.

vait y entendre tous les jours, sans bourse délier,
les *rencontres*, *questions*, *demandes*, *fantaisies*, etc.,
du grand Tabarin et du baron de Gratelard, qui
vendaient leurs drogues, leurs onguents, leurs parfums et leurs *secrets*, à l'aide de ces « gaillardises
admirables, » de ces « conceptions inouïes » et de
ces « farces joviales, » réimprimées tant de fois pour
répondre à l'empressement des acheteurs, que n'ef-
farouchaient pas l'impertinence du sujet, la har-
diesse des détails et l'incongruité du langage. Tabarin et ses émules avaient le droit de tout dire sur
leurs tréteaux ; les passants, le droit de tout écouter,
et s'il y avait là d'aventure quelque commissaire-
enquêteur de police au maintien grave et austère, il
se gardait bien d'interrompre les plaisirs du petit
peuple, en imposant silence aux acteurs effrontés
des farces tabariniques, qui ne furent prohibées plus
tard que par arrêt du parlement.

FIN DU TOME SIXIÈME ET DERNIER.

CONCLUSION.

———

Nous sommes enfin arrivé au terme de notre travail. Nous regrettons de n'avoir pu faire usage, eu égard au petit nombre de volumes que nous avions à remplir, d'une foule de matériaux précieux qui eussent augmenté considérablement les proportions du livre. Ainsi, a-t-il fallu abréger toute la partie consacrée aux temps antiques et concernant l'histoire des mœurs de la Grèce, de Rome et du Bas-Empire; nous avons, par exemple, laissé de côté les deux fameux passages qui sont supprimés dans les anciennes éditions de Procope (voy. dans le *Menagiana*, édit. de 1715, t. I, p. 347 et suiv., ces deux passages rétablis d'après les manuscrits du Vatican); mais, en revanche, nous nous félicitons du développement que nous avons donné à nos recherches sur l'histoire des mœurs en France, depuis les temps barbares jusqu'au règne de Henri IV, où s'arrête notre ouvrage. On ne perdra pas de vue que cet ouvrage est le premier qui ait été entrepris sur un sujet qui n'intéresse pas moins le moraliste et le philosophe, que le législateur et l'archéologue. La lenteur même avec laquelle cette importante publication a été conduite, témoigne assez que l'auteur ne voulait pas devoir le succès d'une œuvre aussi sérieuse à l'impatiente curiosité des lecteurs frivoles.

Nous croyons avoir prouvé, dans cette vaste composition historique, que les philosophies et les religions anciennes étaient les auxiliaires plus ou moins coupables de la Prostitution; que la véritable morale des honnêtes gens n'existait pas avant l'établissement du christianisme; que le rôle principal de cette religion régénératrice, au milieu du monde païen et idolâtre, a été surtout de fonder le culte des mœurs, et que les mœurs, en s'épurant au creuset de la famille chrétienne, ont créé la civilisation moderne. Nous avons étudié avec impartialité les désordres terribles et secrets de la Prostitution dans le sein des sociétés; nous avons montré que de tous temps cette hideuse expression du vice s'est produite audacieusement en face des lois divines et humaines, qui s'efforçaient de l'étouffer et qui ne pouvaient que l'affaiblir et l'enchaîner; enfin, nous avons soigneusement constaté les formes diverses et multiples, que la dépravation a prises à chaque époque, sous l'empire des événements généraux et des influences individuelles qui ont pesé sur la moralité publique.

Il résulte de nos convictions, appuyées sur une

longue série de faits, que la Prostitution légale,
c'est-à-dire autorisée ou plutôt tolérée par la loi, n'a
jamais eu de liens ni de rapports, même indirects,
avec l'état permanent des mœurs du pays, et qu'elle
reste toujours enfermée dans un cercle borné qui ne
s'agrandit qu'en raison de l'accroissement de la population ; mais, au contraire, les mauvaises mœurs,
les plus dangereuses et les plus envahissantes, qui
n'ont rien de commun avec cette vile espèce de
Prostitution, peuvent se développer d'une manière
affreuse dans les classes élevées et gangrener, pour
ainsi dire, le cœur de la nation, si le gouvernement
et les hommes qui le représentent ne travaillent pas
à combattre l'émulation du vice parmi la jeunesse et
ferment les yeux sur la pire des prostitutions, sur
cet amour féroce et insatiable de l'argent, qui dévore
la génération actuelle.

De notre ermitage de Saint-Claude, 1er janvier 1854.

PIERRE DUFOUR.

TABLE DES MATIÈRES
DU SIXIÈME VOLUME.

FRANCE.

CHAPITRE XXXV.

CHAPITRE XXXVIII.

CHAPITRE XXXIX.

FIN DE LA TABLE.

étaient *en bon point*. Écoutons Eustache Deschamps, dans son *Miroir de mariage* :

> Or convient un large collet
> Es robes de nouvelle forge,
> Par quoy les tettins et la gorge,
> Par la façon des entrepans,
> Puissent estre plus apparans
> De donner plaisance et desir
> De vouloir avec eux gesir.

Mais, quoique la maigreur fût plus rare autrefois chez les femmes qu'elle ne l'est aujourd'hui, il y avait pourtant des femmes maigres qui se seraient crues déshonorées, si elles n'eussent pas reconquis par artifice l'embonpoint qui leur manquait. C'était, il est vrai, l'enfance des *faux appas*. Eustache Deschamps nous indique la manière de les fabriquer :

> Et se de tettins est demise,
> Il convient faire, en la chemise
> De celle cui li sangs avale (*dont le sang coule en bas*),
> Deux sacs par manière de male,
> Où l'en fait les peaulx enmaler
> Et les tetins amont (*en haut*) aller.

Ce n'est pas tout ; une femme à la mode devait faire saillir ses hanches et donner à ses formes postérieures autant d'ampleur et de proéminence que la nature pouvait en accuser. Le procédé le moins factice consistait à serrer étroitement la taille, à la ceinture, afin que les reins parussent plus larges et mieux étoffés au-dessous du buste, aminci par un corsage plat et collant. Eustache Deschamps décrit ce procédé, comme s'il avait étudié la poésie chez un *tailleur de robes*.

> Et, affin qu'elle (la femme) semble droicte,
> Luy fault faire sa robe estroicte
> Par les flancs, et soit bien estraincte,
> Affin qu'elle semble plus joincte.
> Là ne fault panne (*étoffe*) fors que toile,
> Mais au-dessoubz fault faire voile
> Depuis les reins jusques au piet
> Du cul de robe, qui leur chiet
> Contreval, comme un fons de cuve,
> Bien fourré, où elle s'encuve;
> Et ainsi aura la meschine
> Gresle corps, gros cul et poitrine.

Dans ce système de robe, la poitrine était entièrement découverte, *pectus discopertum usque ad ventrem*, dit Olivier Maillard dans un de ses sermons. Cette espèce de robes ouvertes, par-devant jusqu'au ventre, avait été imaginée par la reine Isabeau, et le peuple, qui s'indignait de ce luxe *outrageux*, les avait surnommées *robes à la grand'gore* (truie); il appelait aussi *gorières* les femmes qui les portaient, et il regardait comme des filles publiques celles qui n'avaient pas la précaution de fermer, avec une *affiche* ou broche de métal, l'ouverture de leur corsage. Depuis la fin du quatorzième siècle, il y eut toujours, dans les modes des femmes, une intention plus ou moins marquée de montrer ce qu'on feignait de cacher.

garder des caractères ni des attributs de leur sexe. Nous en parlerons plus à propos dans le chapitre que nous sommes forcé de consacrer à la hideuse coterie des *hermaphrodites*.

Brantôme, qui n'était pas un moraliste, quoiqu'il fût abbé comme Jean des Caurres, nous fait connaître aussi quelques-uns des excès de la mode de son temps; mais il les cite, et il se plaît à les développer avec une indulgence qui accuse le dévergondage de ses mœurs. Il rapporte, sans s'émouvoir, sans s'indigner, les plus étranges témoignages de la dépravation des gens de cour. Nous renonçons, par exemple, à traduire d'une manière supportable ce qu'il dit des *coussinets* et de leur usage en amour; nous n'essayerons pas davantage d'exposer, même avec autant de réserve que possible, ses théories scandaleuses sur les caleçons que portaient les femmes, et ses étranges révélations sur les arcanes de la toilette galante. Il faut pourtant indiquer, comme un des stigmates de la Prostitution de ce siècle, l'incroyable parure que les femmes débauchées avaient inventée pour faire fête à leurs amants : elles entortillaient les poils de la partie honteuse avec des cordons ou des rubans de soie cramoisie ou d'autre couleur! Brantôme avait ouï parler d'une *belle et honnête dame*, qui ne rougissait pas de prendre de pareils soins. Dans les observations qui suivent les *Amours du grand Alcandre* (édition du *Journal de Henri III*, publiée par Lenglet-Dufresnoy), et « qui viennent d'une personne qui connoissoit exactement la cour du roy Henri IV, » dit l'éditeur de 1744, on remarque cette note, que le lecteur comprendra mieux en la rapprochant du passage que nous n'avons pas osé extraire textuellement des *Dames galantes* : « Françoise Babou de la Bourdaisière fut trouvée, lorsque le peuple d'Issoire se souleva contre elle et la massacra, ayant le poil honteux distingué et tressé de petits rubans de soye de toutes couleurs, au rapport d'un homme d'honneur, amy très confident de la maison d'Estrées, qui me l'a raconté il y a trente-six ou trente-sept ans. » Madame Babou de la Bourdaisière, tante de Gabrielle d'Estrées, vivait en concubinage avec le baron Yves d'Alègre, qui périt avec elle, en 1592, massacré par le peuple, à Issoire, dont il était gouverneur pour Henri IV.

Brantôme nous fait connaître encore un des raffinements les plus ingénieux de la Prostitution de cour. « Un grand prince que je scay, dit-il dans le deuxième discours de ses *Dames galantes,* faisoit coucher ses courtisannes ou dames, dans des draps de taffetas noir bien tendus, toutes nues, afin que leur blancheur et la délicatesse de la chair parust bien mieux parmy ce noir et donnast plus d'esbat. » Brantôme aurait pu ajouter que cette invention, attribuée à la belle Impéria, et souvent mise en pratique par les grandes courtisanes italiennes, s'était introduite en France sous les auspices de la reine Mar-

toutesfois que tous ceux qui se trouvent entachez de ce péché l'ayent appris ou en Italie ou en Turquie, car nostre maistre Maillard en faisoit profession et toutesfois il n'y avoit jamais esté. »

Nous avons démontré, ailleurs, que les expéditions d'Italie avaient été fatales aux mœurs françaises; les relations continuelles qui existaient entre les deux pays, depuis le règne de Charles VIII, ne pouvaient manquer de répandre d'odieux éléments de corruption parmi la noblesse et parmi l'armée. Henri Estienne signale ainsi le hideux enseignement que l'Italie avait offert à la France : « Pour retourner à ce péché infâme, dit-il dans son *Apologie pour Hérodote* (p. 107 de l'édit. originale de 1566), n'est-ce point grand'pitié qu'aucuns, qui, auparavant que mettre le pied en Italie, abhorrissoyent les propos mesmement qui se tenoyent de cela, après y avoir demouré ne prennent plaisir aux paroles seulement et en font profession entre eux comme d'une chose qu'ils ont apprise en une bonne eschole? » Mais, quoique le vice italien eût fait de tristes progrès à la cour de France, tous les hommes d'honneur avaient un profond mépris pour ces indignes déserteurs de *l'amour français*, qui était seul «approuvé et recommandé, » selon l'expression de Brantôme. Nous trouvons, dans les écrits de Brantôme, la preuve du sentiment de répulsion qui s'attachait à ces sales et ignobles égarements, lors même que la Prostitution ne connaissait plus de bornes : « Ainsy que j'ay ouy dire à un fort gallant homme de mon temps, dit-il dans ses *Dames galantes*, et qu'il est aussy vray, nul jamais bougre ny bardache ne fut brave, vaillant et généreux, que le grand Jules César; aussy, que, par la grande permission divine, telles gens abominables sont rédigés et mis à sens reprouvé. En quoy je m'estonne que plusieurs, que l'on a veus tachés de ce meschant vice, sont esté continués du ciel en grand'prospérité, mais Dieu les attend, et à la fin on en voit ce qui doibt estre d'eux. » Brantôme, qui avait la conscience si large et si peu timorée en affaire de galanterie, manifeste hautement son dégoût à l'égard des vices contre nature; c'est au moment même où la cour de Henri III affichait effrontément les mœurs italiennes, qu'il se prononce à la française dans ses *Dames galantes*, qu'on peut considérer comme le répertoire de la débauche du seizième siècle : « De celle abomination, dit-il dans son style ordurier qui était le langage des *raffinés* de la cour, j'en ay ouy parler que plusieurs marys en sont esté atteints bien au vif, car, malheureux qu'ils sont et abominables, ils se sont accommodés de leurs femmes plus par le derrière que par le devant et ne s'en sont servis du devant que pour avoir des enfans. » Il flétrit plus loin avec horreur une « race de cocus, qui est certes par trop abominable et exécrable devant Dieu et les hommes, qui, amourachés de quelque bel Adonis, leur abandonnent leurs femmes, pour jouir d'eux ! »

gnons, dans des vers *courtisans*, « c'est-à-dire peu
honnestes, sales et vilains, à la mode de la cour,
mesmes en ce qu'ils touchent l'honneur du roy, »
suivant la définition de Pierre de l'Estoile. Voici,
par exemple, un sonnet, qui courut en 1578 et qui
sortait de la *boutique* de la Ligue :

> Gammodes (*sic*) effrontés, impudique canaille,
> Cerveaux ambitieux, d'ignorance comblés,
> C'est l'injure du temps et les gens mal zolés,
> Qui vous font prosperer sous un roi fait de puille.
>
> Ce n'est ni par assault ni par grande bataille,
> Qu'avez eu la faveur, mais pour estre alliés
> D'un corrompu esprit, l'un à l'autre enfilés,
> Guidés de vostre chef, qui les honneurs vous baille,
>
> Qui vos teints damoiseaux, vos perruques troussées,
> Aime autant comme escus et lames et espées.
> Puisque les grands estats qui vous rendent infames
>
> Sont de vice loïers aux jeunes impudents,
> Gardez-les à tousjours, car les hommes vaillans
> N'en veulent après vous, qui estes moins que femmes.

Ce déchaînement inouï contre les mignons ne fit
que s'accroître pendant tout le règne de Henri III, et
le peuple, toujours porté à croire ce qui est étrange
et monstrueux, n'eut garde d'accepter avec défiance
les calomnies, souvent ridicules, qu'on débitait au
sujet de la *bande sacrée*. Ainsi, on avait prétendu
très-sérieusement que Jean-Louis Nogaret, duc d'É-
pernon, que Pierre de l'Estoile nomme l'*archi-mignon*
du roi et qui devint, en effet, le principal favori de
Henri III, après la mort des *grands mignons* Caylus
et Maugiron, n'était autre qu'un démon, envoyé de

l'enfer pour achever de corrompre et de damner le malheureux Henri de Valois. Cette légende diabolique fut racontée tout au long dans un pamphlet, intitulé : *Les choses horribles contenues en une Lettre envoiée à Henri de Valois par un enfant de Paris, le 28 janvier 1589, et imprimé sur la copie qui a esté trouvée en ceste ville de Paris, près de l'Orloge du Palais, par Jacques Grére, imprimeur.* M.DLXXXIX. Il était dit, dans cette Lettre remplie d'obscénités, que les sorciers et enchanteurs avoient donné au roi un esprit familier, *en jouissance,* nommé Terragon, et que cet esprit, figuré en homme, lui avait été présenté au Louvre comme un gentilhomme de Gascogne. « Henry, » ajoute l'*Enfant de Paris*, que P. de l'Estoile appelle un « faquin et vaunéant de la Ligue, vous scavés bien que tout aussi tost que vistes Teragon, vous l'appelastes vostre frère..... et la nuit suivante, il coucha dans vostre chambre seul avec vous dans vostre lit. Vous scavés bien aussi que toute la nuict il mist, sur vostre ventre, droit........ nombril, un anneau, et sa main liée dans vostre, et fut le matin vostre main trouvée comme toute cuite. » L'*Enfant de Paris* ne s'arrête pas là; il entre, à l'égard du duc d'Épernon, dans des détails merveilleux qui caractérisent sa diablerie impudique : « L'on tient que cedit Teragon eust affaire à une fille de joye, en la chambre secrète, de quoy elle cuida mourir, certifiant que ledit Nogaret n'est point un homme naturel, pource que son corps est trop chaud et bruslant. Madame la comtesse de

Foix (sa femme) dit qu'elle aimoit mieux mourir que d'estre habitée de luy, que son mariage a esté fait, par sort et charme, contre sa volonté, et que, la première nuict, Teragon fut d'elle esvanouy, et puis le matin le trouva couché près d'elle, et alors iceluy Teragon la voulut despuceler, mais elle ne peut endurer sa chair si chaude qu'elle estoit, dont le jour ensuyvant ne cessa de plorer devant sa tante. » Il n'existe peut-être plus un seul exemplaire de cette *badauderie insigne*, comme l'appelle P. de l'Estoile; mais cet amateur de *fadaises* en a inséré une copie de sa main dans son grand recueil in-folio, composé de pièces imprimées et d'estampes gravées en bois, et intitulé: *Les belles figures et drolleries de la Ligue*. Ce précieux recueil est conservé aujourd'hui au département des livres imprimés de la Bibliothèque impériale.

On attribuait d'ordinaire aux sorciers les infamies dont Henri III était accusé par la voix publique; ces infamies semblaient donc au vulgaire crédule les conséquences naturelles des sorcelleries qu'on imputait à ce malheureux roi. Ainsi, personne à Paris ne doutait que les mignons, et surtout le duc d'Épernon, ne fussent liés à leur maître par un pacte diabolique, et tout le monde fut convaincu, quand on annonça en chaire que les preuves matérielles de leurs sortiléges abominables avaient été découvertes au Louvre et au *bois de Vincennes*, dans l'appartement du roi. « C'étoient deux satyres d'argent doré, de la hauteur de 4 poulces, tenans chascun en la main gauche et s'appuyans dessus une forte massue, et de la droite soustenans un vase de crystal pur et bien luisant, eslevés sur une baze ronde, godoronnée et soustenue de quatre pieds d'estal. Dans ces vases, y avoit des drogues inconnues, qu'ils avoient pour oblation, et ce qui plus, en ce, est à detester, ils estoient au devant d'une croix d'or, au milieu de laquelle y avoit enchassé du bois de la vraye croix de Nostre Seigneur Jésus-Christ. » Cette description, que nous extrayons d'un libelle qui parut alors sous ce titre : *Les Sorcelleries de Henri de Valois et les oblations qu'il faisoit au diable dans le bois de Vincennes, avec la figure des démons d'argent doré, aux quels il faisoit offrandes* (Paris, Didier Millot, 1589), annonce tout simplement deux cassolettes à brûler de l'encens, placées, dans un oratoire, de chaque côté d'un crucifix. L'auteur du pamphlet indique l'usage qu'il assigne à ces prétendues idoles, en disant : « On scait que les payens reveroient les satyres pour dieux des bois et lieux escartés, à cause qu'ils pensoient que d'eux leur venoit l'habileté à la paillardise. »

Il est impossible de laver la mémoire de Henri III des souillures qui la déshonorent, mais on peut affirmer que les turpitudes dont ce prince et ses mignons sont restés flétris devant le tribunal de l'histoire, ne furent pas aussi fréquentes, ni aussi éhontées, ni aussi inouïes, qu'on le suppose, en s'en rapportant

du monde. Il faut une occasion; et je vois bien que nous n'aurons jamais de liberté, si nous ne l'obtenons de M. et madame d'Entragues. » Ceux-ci consentaient à fermer les yeux, dès qu'ils auraient en mains la promesse de mariage signée et scellée en bonne forme. « Cette pimbêche et rusée femelle sut si bien cajoler le roy, » dit Sully, que la promesse fut souscrite et donnée « pour la conqueste d'un trésor que peut-estre il ne trouveroit pas. » Sully eut le courage de faire tous ses efforts pour détourner son maître de cette folie amoureuse, qui menaçait de lui coûter plus de cent mille écus; il déchira même la promesse de mariage, que lui montrait le roi : « Si vous vouliez bien vous rappeler, lui dit-il avec fermeté, ce que vous m'avez dit autrefois de cette fille et de son frère le comte d'Auvergne, du vivant de madame la duchesse; des propos que vous en teniez tout haut, et des ordres dont vous me chargeastes de faire sortir de Paris tout ce bagage (car c'étoit ainsy que vous vous exprimiez en parlant alors de la maison de M. et madame d'Entragues), vous pousseriez plus loin ce doute où vous estes, et compteriez encore moins de trouver la pie au nid, et, en tout cas, vous penseriez que ce n'est pas une pièce qui mérite d'estre achetée cent mille escus, et Dieu veuille qu'il ne vous en couste pas davantage un jour à venir! »

Ces conseils, émanés d'un bon et loyal serviteur, étaient soutenus par toutes les distractions galantes que pouvait imaginer le parti contraire à mademoiselle d'Entragues. Tous les jours on *produisait* de nou-velles filles, qui, choisies parmi les plus jolies et les plus séduisantes, ne servaient, en quelque sorte, qu'à exciter encore plus la passion du roi pour made-moiselle d'Entragues. « Il ne possédoit pas encore mademoiselle d'Entragues, dit Bassompierre dans ses *Mémoires*, et couchoit parfois avec une belle garce nommée la Glandée. » Il allait passer la nuit à l'hôtel de Zamet, où on la lui amenait. La Glandée fut bien vite détrônée par la Fanuche. On la « lui faisoit passer pour pucelle; il trouva le chemin assez frayé, et il se mit à siffler : — Que veut dire cela? lui dit-elle. — C'est, répondit-il, que j'appelle ceux qui ont passé par icy. — Picquez, picquez, dist-elle, vous les attraperez. » (*Historiettes* de Tallemant des Réaux, édit. de M. Paulin Paris, t. I, p. 9.) Cette Fanuche, qui fut longtemps une courtisane à la mode dans le grand style de la belle Impéria et des courtisanes italiennes, était renommée surtout à cause de son beau corps et de ses perfections secrè-tes. Un quatrain, imprimé en 1637 dans la seconde partie des *Poésies et rencontres* du sieur de Neuf-Ger-main, poëte *hétéroclite* de Gaston d'Orléans, nous prouve que Fanuche, à l'âge de quarante ans, était digne encore des hommages de ses admirateurs :

Dans le conseil des dieux, un jour on s'eschauffa
D'un desir de scavoir si Venus, le corps *nu*,

Sans chemise non plus que porte une guenuche,
Est reine des beautez, ou bien si c'est Fanuche.

Mais Henri IV ne se contentait pas de ces amours de passage : il voulait une maîtresse à poste fixe, il avait le cœur pris, il eût donné la moitié de son royaume pour posséder mademoiselle d'Entragues. Il la posséda, moyennant la promesse de mariage et un don de cent mille écus. On lui fit crédit pour la somme. Quand il fallut payer, il s'exécuta en rechignant ; et il ordonna d'apporter dans son cabinet ces belles espèces sonnantes, qu'on étala devant lui sur le plancher : « Ventre-saint-gris ! s'écria-t-il en voyant ces monceaux d'or à ses pieds, voilà une nuit bien payée ! » Il s'attacha dès lors à cette conquête, qui lui avait coûté si cher, et il éleva mademoiselle d'Entragues au rang de favorite, sans se faire faute de s'éparpiller çà et là en infidélités, qui ne le rendaient ni moins tendre ni moins empressé pour elle. Son divorce avait été prononcé en cour de Rome, mais, quelque puissant que fût son amour, il s'était laissé engager dans une alliance politique, et il épousa Marie de Médicis en 1600. Mademoiselle d'Entragues, qui s'était inutilement opposée à cette union, mit tout en jeu pour conserver son titre et ses fonctions de favorite, en renonçant à devenir reine de France. Henri IV l'avait créée marquise de Verneuil, et il ne paraissait nullement résolu, malgré son mariage, à cesser des relations qu'il préférait à toutes les autres.

Cependant Henriette de Balzac, dont le caractère violent, souple et despote à la fois, avait exercé un grand empire sur le roi, ne lui épargnait pas les gronderies et les mauvais compliments; elle lui dit, un jour, « que bien lui prenoit d'être roi, que sans cela on ne le pourroit souffrir, et qu'il puoit comme charogne. » (Voy. l'historiette de Henri IV, dans Tallemant des Réaux.) Elle l'appelait le *capitaine Bon vouloir*, parce qu'il était toujours prêt à payer de sa personne en galanterie, et qu'il se sentait porté pour toutes les femmes, en général. La marquise de Verneuil, qui logeait à l'hôtel de la Force près du Louvre, partageait, pour ainsi dire, avec la reine les attentions du roi et les assiduités des courtisans; elle ne désespérait pas de l'emporter tout à fait, un jour ou l'autre, sur Marie de Médicis, qu'elle ne nommait pas autrement que l'*Italienne* ou la *grosse banquière*. Cette installation publique d'une maîtresse en titre, vis-à-vis du Louvre, était un scandale qui faisait murmurer le peuple et gémir les vrais serviteurs de Henri IV.

On essaya, pour le séparer de cette femme astucieuse qui en voulait toujours à la couronne de France, une foule de combinaisons et d'intrigues amoureuses, destinées à diminuer le pouvoir de la marquise de Verneuil, en diminuant son prestige; mais Henri IV, en courant les aventures qu'on lui préparait, ne laissait pas de revenir *plus échauffé* à la marquise. En 1600, selon Bassompierre (anciens

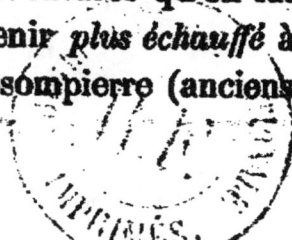

CONDITIONS DE LA SOUSCRIPTION.

L'HISTOIRE DE LA PROSTITUTION, illustrée par 20 belles gravures sur acier, formera cinq forts volumes in-8° qui seront divisés en 120 livraisons.

Prix de la livraison :

Gravure papier blanc.	25 centimes.
Sur chine avant la lettre.	30 centimes.

En vente chez les mêmes éditeurs.

LA GRANDE BOHÊME

OU

HISTOIRE DES RACES MAUDITES ET DES CLASSES RÉPROUVÉES

SUIVIE

D'UN DICTIONNAIRE COMPLET

DES DIVERSES LANGUES FOURBESQUES ET ARGOTIQUES DE L'EUROPE

À TOUTES LES ÉPOQUES

Par Francisque MICHEL et Édouard FOURNIER

4 splendides volumes grand in-8° jésus.

ILLUSTRÉS PAR 50 GRAVURES OU TYPES (TIRÉS A PART

LES DOCUMENTS AUTHENTIQUES ET LES GR

100 livraisons à 50 centi

PARIS. TYPOGRAPHIE PLON FRÈRES, RUE DE VAUGIRARD, 36.

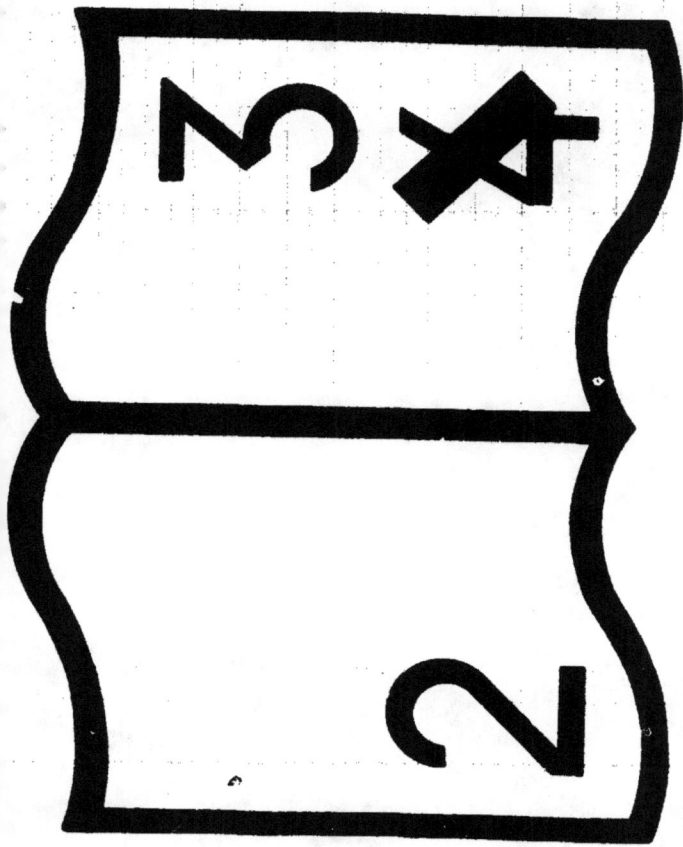

www.ingramcontent.com/pod-product-compliance
Lightning Source LLC
Chambersburg PA
CBHW070809270326
41927CB00010B/2355